心一堂當代術數文庫　星命類

香港特首命格臆解

——斗數子平合參再探

潘國森　著

書名：香港特首命格臆解——斗數子平合參再探
系列：心一堂當代術數文庫・星命類
作者：潘國森
執行編輯：心一堂當代術數文庫編輯室
封面設計：陳劍聰

出版：心一堂有限公司
通訊地址：香港九龍旺角彌敦道610號荷李活商業中心十八樓05-06室
深港讀者服務中心：中國深圳市羅湖區立新路六號羅湖商業大厦負一層008室
電話號碼：(852) 90277110
網址：publish.sunyata.cc
電郵：sunyatabook@gmail.com
網店：http://book.sunyata.cc
淘宝店地址：https://shop210782774.taobao.com
微店地址：https://weidian.com/s/1212826297
臉書：https://www.facebook.com/sunyatabook
讀者論壇：http://bbs.sunyata.cc

版次：二零二二年三月初版

平裝

定價：港幣　一百三十八元正
　　　新台幣　五百八十元正

國際書號　978-988-8583-98-0

香港發行：香港聯合書刊物流有限公司
香港新界大埔汀麗路36號中華商務印刷大厦3樓
電話號碼：(852)2150-2100　傳真號碼：(852)2407-3062
電郵：info@suplogistics.com.hk

台灣發行：秀威資訊科技股份有限公司
地址：台灣台北市內湖區瑞光路七十六巷六十五號一樓
電話號碼：+886-2-2796-3638　傳真號碼：+886-2-2796-1377
網絡書店：www.bodbooks.com.tw
台灣秀威讀者服務中心：
地址：台灣台北市中山區松江路二0九號1樓
電話號碼：+886-2-2518-0207
傳真號碼：+886-2-2518-0778
網址：www.govbooks.com.tw

中國大陸發行 零售：深圳心一堂文化傳播有限公司
地址：深圳市羅湖區立新路六號羅湖商業大厦負一層008室
電話號碼：(86)0755-82224934

心一堂微店二維碼

心一堂淘寶店二維碼

目錄

自序

近年常遇到對中國傳統算命術（可稱為「星命之學」）有初步興趣的朋友問：「紫微斗數難學嗎？八字算命難學嗎？」八字算命比較正式的命稱是「子平」，這本書是筆者以「紫平合參」為題的第二本專著，即是紫微斗數和子平一起用在推算一個人的命格和運勢。

由是想起初中時期學過的一篇清人散文，文學家彭端淑（一六九九至一七七九）的《為學一首示子姪》，可以借來做答案：

天下事有難易乎？為之，則難者亦易矣；不為，則易者亦難矣。人之為學有難易乎？學之，則難者亦易矣；不學，則易者亦難矣。

簡而言之，難與易之間，無非就是「事在人為」四個字。

筆者想，如果能夠合理用功，任何智力正常的人都可以入門；不過就不能保證誰都可以登堂入室了。曾經見過一些介紹算命術的入門教科書，如果用上「幾多日通」之類的書名，就會為之莞然。還有一些書籍或課程，甚至胸膛拍得老響，擔保小學程度都一定可以學得會。

紫微斗數、子平等術數，畢竟建基於易學與傳統習俗，這些基礎學理，與現代教育制度的小學程度、中學程度、大學程度都沒有必然關係。專業人士如醫生律師，不見得知道中國曆法入門的四時月令或二十四節氣；沒有受過常規教育、不具備官方學歷的成年人，卻可能熟悉陰陽五行、天干地支。

曾經遇到一位學過紫微斗數多年，初步掌握推算法門的專業人士，竟然不知道紫微斗數所用曆法有閏月這回事！這真令筆者拙拙稱奇。

如果一定要給一個學習有成的時間表，筆者只能夠說，跟我學的話，如能用功，一年內可以入門，三年可算是專家。至於算得準、還是算不準就靠個人的習氣和悟性了。

本書是繼拙作《金庸命格淺析——斗數子平合參初探》之後，第二本以「斗數子平合參」為題材的專著。筆者的「紫微斗數內訓班」沒有教本、沒有上課，純為學員進階實習的討論。同學很有心，經常拿來有趣的命例討論，一般是他們先批，然後才輪到筆者談談自己看法有沒有不同、有那些不同。同學對香港政圈中幾個重量級人物的命格有興趣，於是就以此為習作。

當代術數名家袁樹珊提出「星家十要」，第十條「戒貪」有所謂六不推，最後一款為：「生時不准，六不推也。」①

我們並不認識這些在社會上舉足輕重的大人物，所以無法確知他們的生時。至於公職人員的出生日期大多沒有爭議，但也不能排除有錯記誤記的可能。同學很有心，用最老實的「普查」辦法，排出所有十二個時辰的斗數命盤，再逐一篩查。這就成為了「內訓班」的學習功課。我們反覆討論，揀選出我們認為最吻合的時辰當為練習。這些資料，後來又成為「子平內訓班」的習作。

---

① 袁樹珊《新命理探原》，香港，心一堂，二〇一四，頁四二四。

我們拿疑似名人的八字、斗數盤作為助談之資或專題習作，即使八字不符、張冠李戴，做練習一事，仍屬有益。

本書分析香港回歸中國後，四位行政長官的命造，不過還得要強調只是「疑似」，不敢擔保時辰一定正確無誤。

香港在一九九七年七月一日凌晨零時，由英國殖民地改變為中華人民共和國的特別行政區。香港特區行政長官，略等於回歸前港英時代的總督。香港總督的英文名是Governor，中國舊籍間有譯為「巡撫」。原來英制有Viceroy與Governor之別，Viceroy則譯為「總督」，我們較為熟悉的就是「印度總督」。

香港殖民時代的「Governor」譯作「總督」，有其歷史原因。早期香港相關官吏拿清代地方行政中最高級的官名「總督」來作譯名。

清代地方最高長官有「總督」、「巡撫」等名目，簡而言之，總督管一至三省，巡撫限管一省。按位階來說，總督比巡撫高，個別總督轄下有巡撫，這類巡撫又分兩類，一類仍有實權，一類則因與總督上司同城而無事可管，稱為「同城巡撫」，以我們廣東而言，兩廣總督管廣東廣西兩省，廣西巡撫管廣西省，有時要聽名於兩廣總督，有時可以自行其是。廣東巡撫則是虛銜，清代中後期廣東巡撫與兩廣總督都駐在廣州，廣東巡撫就無事可管。

另有些巡撫沒有總督作為頂頭上司，實際地位不在總督之下，如山東巡撫、山西巡撫、河南巡撫等，只是官階稍低、轄地較狹而已。

總督則必有實權，總督巡撫都是簡稱。以兩廣總督為例，全名是：「總督兩廣等處地方提督軍務、糧饟兼巡撫事。」

回歸之後的行政長官，不似殖民時代的港督兼任三軍司令，故此「行政長官」大概等於「香港總督」減「提督軍務」了。

自一九九七年到今天，共有四位「區長」，分別是董督、曾督、梁督和鄭督。

現任的第四位是女姓，香港社會過去依從西俗，對已婚婦女的稱呼是出嫁後改冠夫姓，少數人還兼錄父姓。我們以美國政壇聞人「希拉里」女士，即總統克林頓的夫人為例，討論一下。在其未婚前，姓名為是「Hillary Rodham」，她與克林頓結婚後，就成為「Hillary Clinton」，她一度不冠夫姓，仍用父姓不改。最後是夫姓本姓都用，成為「Hillary Rodham Clinton」。英文的次序是名、本姓、夫姓。

香港有一個半世紀被英佔而成為殖民地的歷史，社會風俗中西合璧。現時習慣是中文名的次序是先夫姓、再本姓、再名，就是「林鄭月娥」；英文則不留本姓成為「Carrie Lam (Mrs.)」，較少用「Carrie Cheng Lam (Ms)」的格式。結果社會上對她慣用的中文稱呼就有「林太」（正式並帶敬意）或「林鄭」（可以是暱稱、也可以是表達不敬）。

既然打算仍用「督」字作敬稱，還是敬稱為「鄭督」好了。以示男女平等，婦女能頂半邊天，不必作夫君的附庸。

運用紫微斗數與子平這兩種不同的星命術數合參，可以有互相印證的功效。

有時會想，用不同的算命術數預視人生命運行程度的軌跡，倒有點似「瞎子摸象」。算斗數可以從命盤立刻找出當事人生命運進行程序的一些明顯特徵，算八字卻會一眼就看得出另外一些特徵，各有特色、也各有偏重。

有朋友問，現在科技發達，為甚麼不開發電腦算命？這是個新興的熱門話題。隨著「人工智能」的能力越演越精，真有可能實現到「人工智能」算命比人還準，一如「人工智能」早在下棋這個範疇勝過真人。

據知，開發出能戰勝圍棋大師的人工智能團隊，是由一位會下圍棋的專家領導。因此，要用電腦算紫微斗數、算子平，甚至「紫平合參」，都必須有懂得算命的人工智能專家領軍。兩種本事缺一不可。

至於筆者本人，對此沒有興趣，也因不懂人工智能而不具備這個能力。再者，電腦算命勝過人類這事，對我何益？當然不會花精神時間在此了。

本書不是入門級的教科書。

讀者可持此與筆者過去已刊行的專著並讀，當可得一更全面的體會：

《斗數詳批蔣介石》，二〇一四。

《潘國森斗數教程（一）：入門篇》，二〇一六。

《紫微斗數全書古訣辨正，二〇一七。
《紫微斗數登堂心得：三星秘訣篇——潘國森斗數教程（二）》，二〇一八。
《金庸命格淺析——斗數子平合參初探》，二〇一九。

是為序。

潘國森
西元二〇二一年歲在辛丑
於香港心一堂

第一章　疑似鄭督命格——「月照寒潭」

第一節　丁生人太陰安命巨門守身

先談一下疑似為香港特區的第四位行政長官「鄭督」的斗數命盤（參見本書末〈附錄〉）。

香港政府高官的生日全部公開可查，但是不包括生時。按筆者「斗數內訓班」幾位熱心學員排查當日十二個時辰的命盤之後逐一篩選後，我們最終同意了鄭督的生時以這個時辰最像。

鄭督生於公元一九五七年，歲次丁酉。斗數盤命宮在戌，太陰化祿火星同度。陸斌兆先生《紫微斗數講義》有云：

戌宮，名「天助」。是「月照寒潭格」，這正是玉兔揚輝的時候，為上格。①

中國民間傳說月中有兔，「玉兔」便成為月亮的代稱。

綜合命宮三方四正，是太陰化祿火星對照太陽地空；三合宮會照天同化權天梁，天機化科、祿存地劫。十四助曜中的吉星只見祿存，不見六吉天馬。四煞空劫等六曜之中，則見火星

① 陸斌兆《紫微斗書講義》〈太陰星〉。

和地空地劫對星。這是祿權科三吉化會，而且剛好落在命宮、事業宮和財帛宮，此三宮為三合宮，於是事業宮和財帛宮都是祿權科三吉化會。

除了三方四正之外，還要看鄰宮。

命宮的鄰宮，分別是父母宮和兄弟宮。鄭督父母宮有天魁文曲天馬，兄弟宮有天鉞，構成天魁天鉞夾命宮，即是「貴人夾命」。

凡主星與天相都特別喜得吉星夾，勝過其他星系被夾。

紫微為北斗及全盤主星，天府為南斗主星，中天主星則以日生人、夜生人劃分。

寅時至未時生為日生人，以太陽為中天主星。

申時至丑時生為夜生人，以太陰為中天主星。

鄭督為日生人，所以此一太陰不是中天主星，命格的富貴又稍為減等。

太陰財星是紫微斗數正曜中三大財星之一，其餘兩顆是天府和武曲。鄭督太陰在戌，且為化祿，又會財帛宮的祿存，是為「雙祿交流」，為甚麼不成鉅富呢？

原來「財」屬陰，宜藏不宜露。太陰落陷時光芒不顯，太陰廟旺則光線反而過度發散。於是以太陰的廟旺落陷論，廟旺太陰光芒發散，落陷太陰光芒收斂。所以這個「月照寒潭」格反而不富，而且會地空地劫和火星，由是影響財運。

鄭督身宮在子宮，值福德宮。巨門化忌對天機化科、祿存地劫；會太陽地空，借會天同化權天梁。子宮巨門化忌是「石中隱玉」的破格，會祿存稍解巨門化忌的不利，但是此一祿存又受地劫影響而減色。會化科化權，可添權力和地位。

在此，不厭其煩再重覆，任何宮位都要與命身宮同參。命宮的三方有事業宮（主工作及事業）和財帛宮（主財運。包括生財、守財和用財）。事業運，應以命身宮與事業宮合參。財帛運亦然，應以命身宮與財帛宮合參。

命宮優於身宮，最簡單的說法是：「先天基礎強於後天際遇。」

有許多研習紫微斗數的朋友不認同、不接受「借星安宮」的辦法。這個筆者認為無須爭辯，各師各法好了。筆者所學以借星安宮為重要理論，讀者不喜歡，筆者既不能、亦無法勉強。

第二節　打破十二宮之一——兼看紫府日月

「打破十二宮」是筆者在「紫微斗數中級班」講授的內容。「打破十二宮」的學理有不同層次。其中一個是兼看「主星」。

一般我們看斗數盤是先看命身宮和福德宮，當然不論看任何宮，其實都要拿三方四正及兩鄰宮合參，不過平時為省事，就只說看某個宮。看了命身宮和福德宮，初步掌握了大局的特點，然後就依照客人問甚麼事，再去看那些相關宮位。

不過如果深入分析通盤概況，則不論何星曜在命身宮和福德宮，都要與紫微、天府、太陽、太陰四曜構成的星系，與及星系落在何宮位來綜合評斷。

原因何在？

筆者在此賣一個關子，作為對讀者諸君讀筆者斗數著作後的小測驗。

鄭督命宮坐太陰，看太陰的三方四正時，已兼看遷移宮的太陽。此造太陽太陰既落在「命身宮群」，那麼紫微天府自必然便落在「六親宮群」。

　紫微輔弼同宮，一呼百諾。①

鄭督的紫微破軍在未宮，值子女宮，因有左輔右弼同宮，正合「紫微輔弼同宮，一呼百諾」的條件。擎羊同度，其吉處為執掌權力，凶處為金屬損傷。除左輔右弼之外，還會文昌文曲、天魁單星；雜曜則有龍池鳳閣、恩光天貴，合「百官朝拱」格。前一宮的夫妻宮無正曜，借對宮的天同化權天梁，再與後一宮的天機化科，一起構成「科權夾」的吉格，且為「科權夾

---

① 《紫微斗數全書（明末清初木刻真本）》，香港，心一堂，二〇一七，頁五七。

帝」。綜合而言，星系非常強旺，算是全盤十二宮之中最佳。

此宮值子女宮，主子女有出息，擎羊同宮，僅主子女童年時有輕微災病。已知鄭督共有兩子，都受過相當教育。至於此二子的成就有多大，則要看其本人的命盤。我們從鄭督的命盤中，只能預視到從鄭督的角度去看子女的成就，與及鄭督與子女的關係。

此造的天府在酉宮獨坐，值兄弟宮。對照武曲七殺文昌；會天相被巨門化忌夾，成刑忌夾印，會巳宮是無正曜的空宮，卻見陀羅鈴星雙煞。因我們用「借星安宮」的法門，巳宮空宮借對宮亥宮的廉貞貪狼、文曲天魁天馬。

借星後，會齊天魁天鉞、文昌文曲兩對六吉星。貴吉雜曜有龍池鳳閣、恩光天貴、台輔封誥、天福天壽四對之多。以「百官朝拱」論，這個天府對武曲七殺的星系，是「百官」比紫微破軍對天相星系更多。因不見祿存和化祿，會鈴星陀羅，為空庫露庫，又會「刑忌夾印」，星系複雜，吉凶不能抵銷而是疊加，美中不足。天府的後一宮是申宮夫妻宮，無正曜，同樣要借對宮的天同化權天梁，構成「祿權夾」，便不算百分之百的空庫露庫，稍有彌補之功。

此造紫微宮位與天府宮位比較，是子女宮的紫微破軍，優於兄弟宮的天府。按「打破十二宮」的心法，假如我們可以回到過去，為「人在中年」的鄭督算斗數命盤，必須明確忠告當事人要盡心盡力提拔後輩，與及栽培有學生關係、甚至弟子關係的晚輩！至於親兄弟姊妹和平輩朋友的助力，就差了一大截。

何解？

子女宮除了用來看當事人與親生子女的關係，還可以引申到與「門人弟子」的關係。傳統認為紫微不宜坐六親宮位，因為那表示該宮位所主的人際關係，是對方比自己強！

試想，閣下家中的子女是「皇帝」，你反而是「臣下」，豈不是「太阿倒持」？

又如紫微坐兄弟宮，你打算與平輩朋友合作做生意，豈不是人家是君你是臣？除非你甘於當「配角」、不介意受指揮，又當別論。

鄭督紫微破軍坐子女宮，見「百官朝拱」且得科權夾，會不會給子女或門人弟子「造牛造馬」？

答案是：不會。

因為有左輔右弼對星同宮，是為可靠的助力！假如不見輔弼而見魁鉞或昌曲，則只是子女和門人秀發，不主對己身的助力。

因鄭督的子女宮是「紫微輔弼同宮」，主「一呼百諾」，其人生可得門生下屬很大的助力。遇上類似的斗數命盤，應該強力建議其栽培後輩。

天府獨坐兄弟宮，一般為吉曜，雖然有百宮朝拱，但是煞曜亦多，是為吉凶交集。雖然有助力，亦有麻煩，算是輕微的拖累。

第三節　與蔣公命格為正反盤

鄭督的斗數命盤，與二十世紀中國軍政界強人蔣中正的命盤①比較，剛好是全部正曜換位到對宮。而且兩位都是丁年生人，四化星相同，正好作為比較教案用。

蔣盤紫微在丑，太陰在辰安命。

鄭督紫微在未，太陰在戌宮安命。

此下逐宮比較。

命身宮

蔣公命宮是辰宮落陷的太陰化祿，鈴星同宮，祿權科會，為「陰精入土」格。太陰落陷的

① 潘國森《斗數詳批蔣介石》，香港，心一堂，二〇一四，頁一一四。又見本書末〈附錄〉。

反背之格，反主大貴。

鄭督命宮是戌宮廟旺的太陰化祿，也是祿權科會，火星同宮，為「月照寒潭」格，是小富大貴之局。

火鈴在寅午戌宮入廟，在申子辰宮則落陷。古人認為火星在命主人「性剛」、鈴星則「性烈」。鄭督的火星禍輕，蔣公的鈴星禍重。鄭督地空在遷移宮，合乎所謂「火空則發」。火星屬陽火，突發麻煩都是明刀明槍，火勢在事後即滅。鈴星屬陰火，突如其來的災害連綿不絕。

至於身宮，蔣公是命身同宮，先天基礎與後天機遇相同。鄭督身宮是破格的「石中隱玉」，其人不宜走上人生最高地位，現在既成為地方政府的最高首長，難免招惹連綿不盡的是非口舌了。

父母宮

兩位都是無正曜而見對宮廉貞貪狼，三合宮會天府天相，亦為「府相朝垣」。

蔣公的父母宮坐陀羅天馬、地空地劫，是為煞在內，亦構成「折足馬」。會天魁天鉞對星，不見六吉星的單星。其父母都是二婚，後來父死母守寡，雖然有異母長兄，但是嫡母死後，其生母才嫁其生父為繼室，那就不算「兩重父母」了。

蔣公是日生人而「日月反背」，生在十五日，是上弦月與下弦月的交界。紫微斗數定義十四日前為上弦月，十六日之後為下弦月，並不用真正天文曆法的定義。

鄭督生也是日生人，卻屬「日月並明」，生在十四日，仍為上弦月，星系相同，吉凶卻相反。父母宮六吉星見文昌文曲對星，左輔右弼對星，加天馬天魁單星，蔭庇力甚強。對照鈴星陀羅，會照擎羊，是為「三煞並照」，不過煞在外而禍輕，是二者最大差別。

福德宮

兩位都是巨門化忌，成「石中隱玉」的破格。對照天機化科，會照太陽，借會天同化權天梁。四化星中，是化忌會化科化權，不會化祿。

蔣公還有祿存同宮，同時構成「羊陀夾忌」，而且所會太陽在戌宮落陷，解暗乏力，所以一生飽受精神壓力。老年以前，經常受到政敵圍攻，不得安寧。

鄭督的祿存坐福德宮的對宮財帛宮，是輕微得多的破格，所會太陽在辰宮乘旺，解暗力較強，人生福澤較佳，精神壓力則輕得多了。

田宅宮

兩位的田宅宮都是天相對紫微破軍，而且對照「百宮朝拱」的紫微破軍星系。

蔣公盤中的紫微破軍是「輔弼夾帝為上品」，田宅宮的天相是坐擎羊會火星陀羅的「三煞並照」而煞在內，天相星系亦不構成「百宮朝拱」。

鄭督的天相則合「百宮朝拱」，對宮坐左輔右弼，又見天魁天鉞對星，本宮還有龍池鳳閣。雖然也是「三煞並照」，不過擎羊坐對宮，陀羅鈴星坐巳宮，是煞在外了。

綜合而言，兩位的服務機構（一是中央政府、一是地方政府）都有大量惡性競爭與麻煩事。以飽受內部挑戰而言，是鄭督輕得多；而以共事者對當事人的助力言，也是鄭督強得多。

事業宮

蔣宮事業宮在申，鄭督事業宮在寅，都是坐天同化權天梁，對宮無正曜，三方會太陰化祿、天機化科。同樣是祿權科會而沒有會上巨門化忌。

這星系是「同梁機月」（坐天同天梁而會天機、太陰），是「機月同梁」（坐天機太陰而會天同、天梁）的又格。

當事人一生的事業，並非以事業宮為主，反而是以命身宮為主。但是事業宮的星系，可以反映事業場面的顯與隱、大和小。

其他吉凶助曜的組合，就當為給讀者的一個小測驗，按星推理好了。

友屬宮

蔣宮友屬宮在酉，鄭督友屬宮在卯，都是武曲七殺對天府的星系，三合宮會紫微破軍、廉貞貪狼，三方四正共有七顆正曜。

武曲與七殺坐友屬宮皆為惡曜，古人形容本星系為「惡奴欺主」，不過這無非是方便記憶的簡評。紫微斗數的星曜、星系都有吉凶兩面。既可以反吉為凶，也可以反凶為吉。

兩相比較，吉凶差距甚大。

先比較吉星組合。

兩位的武曲七殺同樣會照十分強旺的紫微破軍星系，但是蔣公的「紫破」是「輔弼夾帝為上品」，鄭督的「紫破」則是「紫微輔弼同宮，一呼百諾」。故此左輔右弼對星對蔣公友屬宮的幫助非常間接，其餘就只有天鉞單星，連貴吉雜曜也是會恩光而不會天貴，會龍池而不會鳳閣。鄭督則是武曲七殺見輔弼、昌曲、魁鉞，六吉齊會，貴吉雜曜亦見天福天壽、恩光天貴兩組對星。鄭督命盤僅有這宮位是六吉同會，雖然「百官朝拱」對武曲七殺星系來說是有點「浪費」，但是可以確認武曲七殺星系算是反凶為吉。

再談凶星組合。

鄭督的武殺只見一點擎羊在外，可以評定為煞輕。蔣公的武殺則會火星陀羅，再加地空地劫，算是煞重了。

鄭督既是香港區長，部下有十多萬公務員，已經是第一等的部屬眾多了。因吉多於凶，當可有效駕御下屬。據兩位友屬宮的結構，他們受下屬拖累的程度就有天淵之別了。

遷移宮

兩位的遷移宮都坐太陽，對照太陰化祿，會照巨門化忌，借會天同化權天梁。不會天機化科。

兩位都是日生人，遷移宮的太陽便是中天主星。

蔣公的太陽在戌宮是「日月反背」。鄭督的太陽在辰宮是「日月並明」。辰宮優於戌宮。

蔣公的太陽對照文昌文曲，得天魁天鉞夾，合「百官朝拱」。鄭督的太陽，在借星安宮之後，才得文昌文曲夾，未合「百官朝拱」。

兩相比較，是蔣公的遷移運好得多。

蔣公命坐紅鸞，這樣遷移宮必坐天喜。在此補充一下，蔣公命身宮既見昌曲鸞喜，難怪儀表文秀，一生多異性緣。鄭督則只屬「中人之資」，究不上叫美女。

若要再穿鑿附會，則鄭督遷移宮坐天姚，其為外出有「一見鍾情」機遇之證？

疾厄宮

兩位的疾厄宮都無正曜，借對宮廉貞貪狼，會天府天相。與父母宮坐廉貞貪狼而會紫微破軍、武曲七殺，完全是兩碼子事，萬不可混為一談。

分析比較從略，讀者可自行排比。

財帛宮

兩位的財帛宮都是天機化科，對照巨門化忌，會太陰化祿、天同化權天梁。本宮為丁年生人，唯一是四化齊會的宮位。

天機化科，主以計劃生財，是其同。

鄭督坐地劫，蔣公則對照「羊陀夾忌」的巨門，是其異。

子女宮

前面提過，蔣公的子女宮是「輔弼夾帝為上品」①，鄭督的子女宮是「紫微輔弼同宮、一呼百諾」，二者都合「百官朝拱」的要求。紫微破軍星系的前一宮是空宮，我們是承認「借星安宮」心法的派系，這個紫微破軍就得到借來的天同化權與天機化科相夾，亦合「科權夾帝」的格局。兩位的子女都有出息、有作為。門人弟子亦得力。

紫微是北斗主星，也是全盤主星，不論坐何宮位都不可忽視。

兩位都是丁年生，蔣公是陰男，大運逆行；鄭督是陰女，大運順行。這就是根本上的鉅大差異了！

蔣公的第四個大運是癸丑運，值紫微破軍（即原局的子女宮），且破軍在癸運化祿，自必然是上佳的運程。蔣公由是一躍而成為當時中國全國的軍政領袖，執掌國家大權超逾二十年！鄭督的第四個大運也是癸丑，卻是天相對紫微破軍，爆發力就遠遠追不上蔣公的第四個大運了。鄭督要到九十四歲，才會走到紫微破軍宮位的丁未大運，即使她得享遐齡，屆時理當退休久矣！

當然世事無絕對，世界上仍有些小國出了年過九旬的國家元首，不過幅員較廣、在國際舞

① 《紫微斗數全書（明末清初木刻真本）》，香港，心一堂，二〇一七，頁五六。

台上舉足輕重的「主要國家」實在極難再出得九十歲後的領袖。

紫微斗數論命，決不可以單憑命盤去判定高低，還得要簡略兼視四五個大運才可以合理而詳實地評價一個命造。

於是比較這一正一反的兩個盤，可以理解為甚麼其一是國家元首，另一只是地方首長了。若以帝制時代比方，可以說一個算是「帝皇命」，另一個則是「封疆大吏」了。

夫妻宮

兩位的夫妻宮都無正曜，借對宮的天同化權天梁，會太陽、巨門化忌。

坐天同天梁而要會天機、太陰的，是「機月同梁」的又格，可稱為「同梁機月」，是兩位事業宮的星系結構。但是無正曜對照天同天梁的，卻是「同梁巨陽」的組合，是兩位夫妻宮的星系結構。換言之，是兩個不盡相同格局。

天同和天梁坐夫妻宮都是「惡曜」①，兩位的夫妻宮不是坐天同天梁，只是對天同天梁，星系就沒有那麼惡了。

蔣公一生的婚姻頗為複雜，人多勢眾，甚為「熱鬧」，計有正妻、偏妻、前妻、棄妻……等等。②

① 潘國森《紫微斗數登堂心得：三星秘訣篇——潘國森斗數教程（二）》，香港，心一堂，頁二〇三。
② 潘國森《斗數詳批蔣介石》，香港，心一堂，二〇一四，頁二二。

鄭督夫妻宮的正曜星系與蔣公相同，婚姻關係卻簡單得太多了。其夫是位帶點木訥的讀書人，在大學入面從事學術研究。兩人在外地留學期間結識，於鄭督第三個大運的適婚年齡成親。丈夫的事業不及太太般顯赫，關心的是較為冷門的學問，算是個精神上有些寂寞的人。

兄弟宮

兩位的兄弟宮星系是天府對武曲七殺，會天相，借會廉貞貪狼，共是六顆正曜。天府是南斗主星，所以也喜歡見「百官朝拱」。因為化祿和祿存都落在命身宮群日月一系的星，所以六親宮群紫府一系的星都無祿，再加見煞，都是空庫露庫的不利結構。

蔣公的天府見天魁天鉞，雜曜有龍池鳳閣、天福天壽、恩光天貴，一大三小共四對「群臣星」，剛好可以算為及格的「百官朝拱」，坐火星而會擎羊、陀羅、地空、地劫，又是「三星併照」的煞重組合。故此兄弟姊妹有刑剋、不和；平輩朋友關係則雖然多俊彥，亦多惡性競爭和突發挑戰。

鄭督的兄弟宮就祥和得多。雖然同樣會「刑忌夾印」，不過這天相正照紫微破軍左輔右弼，按「見府看相」的原則，鄭督的天相給天府帶來的麻煩就輕得多了。這顆天府，會齊文昌文曲、天魁天鉞、龍池鳳閣、天福天壽、恩光天貴、台輔封誥，共兩大四小六對之多，不讓紫微破軍星系專美。於是，鄭督由平輩朋友、同事得到的助力比蔣公好得太多了。

小結

命身宮與紫微、天府、太陽、太陰四曜合參，是為第一層「打破十二宮」的心法。

凡判斷命造高低，必須參考五六個大運的吉凶順逆，是為第二層「打破十二宮」的心法。

比較命身宮群和六親宮群的善惡優劣，是為第三層「打破十二宮」的心法。

蔣公是「陰精入土」的反背大格，太陰財星落陷而會三吉化與吉曜；中年遇上紫微破化祿大運；故能成就一國元首那種程度的富貴。六親宮群煞重少助，大幅削弱人際關係的助力。

鄭督是「月照寒潭」的大格，入廟而會三吉化，但再無吉助，富貴減等，再會地空地劫，算是小富大貴，論其官位，則區長管轄的土地面積不大，人口也不多，但是政治經濟地位突出，抵得上前清的總督巡撫那樣省長級的水平。六親宮群多助力，人生旅途就相對平坦順利得太多了！近年飽受攻擊，是非口舌頻生，只是人生一個片段的不愉快經歷而已。

蔣公與鄭督都是命宮太陰對照太陽的格局，誰的命比較好？那就真是仁者見仁、智者見智了。

第四節　鄭督前運簡述

本節不列大運飛星，作為對讀者的一個小小測驗，可以參考拙著《斗數詳批蔣介石》（香港心一堂，二〇一五）。該書成稿於上世紀九十年代，作為中級程度的斗數教科書來寫。今回以之與本著作為正反盤的對比，算是給讀者的進階習作了。

初運庚戌（虛齡四至十三）

庚干太陽化祿，武曲化權，天府化科，天同化忌。

天同化忌衝化權坐大運事業宮，並可借入大運夫妻宮。於是大運福德宮、夫妻宮都見化忌，但鄭督只是小學生將要升中的年齡，談戀愛言之尚早，命宮則見太陽太陰對星都化祿，運程仍佳，只宜理解為與異性的關係有些不愉快。

大運最壞的宮位是田宅宮，天同化權再化忌，形成「刑忌夾印」兼「雙忌夾」，除了本命的鈴星、擎羊、陀羅，還有再加大運擎羊（酉宮）、大運陀羅（未宮）。因當事人年紀輕而未入社會工作，田宅宮只能反映家宅情況，或可再加學校的環境吧。

二運辛亥（虛齡十四至廿三）

辛干巨門化祿，太陽化權，文曲化科，文昌化忌。

大運祿存落酉宮，天府對武曲七殺的星系，由空庫露庫變為得祿，值夫妻宮，姻緣運甚佳。大運文曲化科會文昌化忌，主文書失誤，亦主當事人不滿意自己的學業成績。

三運壬子（虛齡廿四至卅三）

壬干天梁化祿，紫微化權，天府化科，武曲化忌。

此為出場運，完成學業，加入政府工作。大運夫妻宮太陰化祿會祿權科，再會天梁化祿，運內成婚。太陽太陰主男女，故亦為桃花星。

自本運起，鄭督四十年大運會化祿，事業上可算一帆風順。

四運癸丑（虛齡卅四至四十三）

癸干破軍化祿，巨門化權，太陰化科，貪狼化忌。

大運命宮天相、遷移宮紫微破軍、財帛宮天府皆得「百官朝拱」，事業進步。

本運夫妻宮坐化忌，連續兩個大運如此，夫妻生活有不滿足之處。

局長。

五運壬寅（虛齡四十四至五十三）

壬干天梁化祿，紫微化權，天府化科，武曲化忌。

本運為第二次行壬干大運，天梁化祿衝起原局祿權科會，事業更上層樓，陞為問責制下的局長。

六運癸卯（虛齡五十四至六十三）

癸干破軍化祿，巨門化權，太陰化科，貪狼化忌。

本運為第二次行癸干大運，武曲七殺會「百宮朝拱」，破軍化祿、貪狼化忌。

連續四個大運命宮會化祿，此十年內一再陞官，結果貴為區長。

二〇一七年丁酉，鄭督虛齡六十有一。

丁命、癸運、丁年。流魁流鉞用「丙丁豬雞位，壬癸兔蛇藏」口訣，三重魁鉞會命。

流昌流曲則甲運流昌在巳、流曲在酉；丁年流昌在酉、流曲在巳，又是三重昌曲會命。

因借星安宮，又見太陰雙化祿與天同雙化權，是為兩重「祿權夾命」。

流年見「百官朝拱」，遂得陞遷。

不過，流年事業宮天相受兩重「刑忌夾印」，原局三煞會照，再會大運流年兩套流羊流陀。田宅宮的巨門，又是「羊陀夾忌」，服務機構有暗湧。輿論普遍認為鄭督與反對派的「蜜月期」過後，便成為眾矢之的。

第五節　鄭督今運推測

鄭督於二〇一七年「臨危受命」，晉陞為「區長」，二〇二〇年轉入甲辰大運，形勢大變，遇上有生以來最嚴重的是非口舌。由未當「區長」時被不少「政治力量」推許為可以擔任「區長」的上佳人選；到真的上任之後，又被認為是二十多年來最壞的「區長」！

鄭督後運如何？

現行七運甲辰（虛齡六十四至七十三）

甲干廉貞化祿，破軍化權，武曲化科，太陽化忌。

太陽在辰宮化忌，號稱「變景」，即是說太陽在十二宮化忌，以辰宮麻煩最少。太陽主散、太陰主藏。太陽普照萬物，可是世人極少會感激太陽無私地、不論好人壞人都給光和熱。

於是太陽在命宮，一般都無法滿足所有人的要求。若太陽光猛烈，即有人咒罵為「毒熱的太陽」；但是當太陽躲在雲層之後，收斂光芒，又會有另一班人抱怨不見天日，陰陰沉沉的叫人鬱悶壓抑。鄭督大運命宮太陽化忌會巨門化忌，這是顆光耀的太陽既要解巨門之暗，可是卻有點自顧不暇，難免會「吃力不討好」，動輒得咎了。原局「月照寒潭」的太陰化祿在命，「石中隱玉」破格的巨門化忌在身，與大運的太陽氣質不甚相投，具體表現為飽受多方輿論勢力攻擊，「享受」比起所有前任都未受過的「倒運」！

那麼鄭督這個甲辰大運是好運還是衰運？

所謂「十年人事幾翻新」，人生又有幾多個十年？

十年大運不可能每年都好、或者每年都壞；亦不可能事業財帛、家庭人事、心理生理都十全十美。我們借助術數之力，嘗試預視未來運勢，或可以趨吉避凶。而禍福由天，拾取由人，若能在人生重大抉擇的關頭，於動靜進退之間稍有助益，已經算是很不錯了。

鄭督的子女宮坐紫微破軍，如果善用「打破十二宮」的辦法，可知這組紫微破軍對天相的星系非常重要。甲辰大運中，未宮紫微破軍值田宅宮，原局「紫微輔弼同宮，一呼百諾」，加上「科權夾帝」（天機化科、天同化權）。我們要問，甲辰運中此星系變好還是變壞？

答案是紫微破軍星系喜遇甲干，形成破軍化權會照武曲化科和廉貞化祿。主服務機構有翻天覆地的改變！

原來紫破、武殺、廉貪在三合宮位相會，比起單純殺破狼的波動還要厲害。鄭督甲辰大運有田宅宮（未宮）、兄弟宮（卯宮）都見百官朝拱，父母宮又借入得祿權科會和「百官朝拱」的廉貞貪狼，可以推斷為得到上司提拔、得同事協助，又於服務機構大幅改革中獲益。

筆者認為鄭督此大運的福德宮也不可忽視，本命天機化科得大運廉貞化祿、破軍化權所夾，可以解讀為計劃多順利成功。

壬寅流年（二〇二二）

二〇二二年，歲次壬寅，於鄭督來說是個重要的流年。升降浮沉、動靜進退都對後運影響深遠。

二〇一九年己亥是壬寅運最後一年，鄭督流年不利，可說是焦頭爛額了。

二〇二〇年庚子，是甲辰運第一年。庚子年見巨門化忌會大運太陽化忌、流年天同化忌，是為「三忌會」，延續上一年的不利。

二〇二一年辛丑，吉凶交集中稍有起色。讀者可自行飛星參詳。

二〇二二年壬寅，壬干天粱化祿，紫微化權，天府化科，武曲化忌。（參見本書末〈附

錄〉）

筆者的紫微斗數「內訓班」有同學認為流年父母宮見武曲化忌，有可能因為上司的緣故而要按制度離職。武曲化忌性質繁複，最起碼可以有：遭受金屬創傷、嚴重破財、甚或患上癌症等等。這組星系會不會體現為「靠山倒下」？

流年命宮是「福蔭聚」（天同化氣為福、天梁化氣為蔭），似可逢凶化吉、遇難呈祥。不過天梁化祿亦可以有「補償」、「賠償」的解讀。那麼退下來而得到某種特優的福利，亦有可能。

不過，筆者覺得十年大運太陽會巨門雙雙化忌，現在才給罵了兩年，恐怕沒有這麼「便宜」吧？由是推論，鄭督大有可能繼續居此高位、繼續一天到晚捱罵。如果下了台，「江湖」上各路仇家就沒有理由耗費精神心力去罵她了。她的前任可不是在位時捱罵，下台後逍遙自在嗎？

第二章　鄭督八字純陰之食神格

第一節　五行組合與干支刑衝合會

將鄭督的出生年月日時，轉為四柱八字。得組合如下：丁酉年，乙巳月，乙酉日，癸未時（參見本書末〈附錄〉）。

第一層次的五行組合是：

一水：癸時。

兩木：乙月、乙日。

兩火：丁年、巳月。

一土：未時。

兩金：酉年、酉日。

天干衝合

鄭督八字的天干依次是：

年：丁

月：乙

日：乙

時：癸

天干無合。

南方丁火與北方癸水相衝。

不過癸水與丁火之間，隔了乙木，於是變成癸水生乙木，乙木再生丁火。

天干四衝的性質，還要看是相鄰、還是遠隔。

天干年月衝、月日衝、日時衝等，是貼近的衝，「衝力」最強。

天干年日衝、月時衝等，已經有隔，「衝力」減弱。

天干年時衝，則是遙衝，「衝力」再輕。

地支刑衝合會

鄭督八字的地支依次是：

年：酉
月：巳
日：酉
時：未

地支見巳酉丑全，是三合金局。現在鄭督是酉年酉日夾巳月，巳酉是「半三合」，簡稱「半合」。其餘沒有刑、衝、會。

總計是：酉年巳月半合金局，巳月酉日也是半合金局。

凡是「半合」，都是三者取二，而且必須有「帝旺」的一支在內。

如「寅午戌三合火局」，「寅午」和「午戌」都作半合論。寅戌，只算「拱合」，而且還有額外條件才成立。其餘「亥卯未三合木局」和「申子辰三合水局」亦同論。

此外，地支有兩酉，犯了「酉酉自刑」，地支自刑有四種，其餘三種是「辰辰」、「午午」和「亥亥」。

鄭督生在酉年酉日，但是兩酉都與巳月形成半合金局，兩合可以解刑，雖有刑亦輕。

此造四柱無衝，自刑而有解。首先我們可以說這個命造即使先不談命好命壞、富貴貧賤，當事人一生運程算是平平穩穩。

可能有人會反駁，今時二〇二一年涉及鄭督的人品和工作，不是給許多人罵到一文不值嗎？

不過，假如我們抽離一點去看，不當自己此時身在香港，卻把鄭督當下的遭遇當為歷史事件來觀察與解讀，鄭督全部的「罪名」其實還沒有甚麼大不了，至不濟不過是退出任何公務，「解甲歸田」去養老便是。其個人與家庭的安全，理應不構成重大風險。

至於這個八字有沒有凶險之處，就留待後文再議了。

第二節　八字純陰、八字純陽

我們要推算一個八字的吉凶禍福，第一步當然是看看八字的組合，然後就是深一層的陰陽五行分析。

十天干以甲、丙、戊、庚、壬為陽；乙、丁、己、辛、癸為陰。

十二地支以子、寅、辰、午、申、戌為陽；丑、卯、巳、未、酉、亥為陰。

每柱陽干配陽支，陰干配陰支，不相混雜。

鄭督生於陰年陰月陰日陰時，即所謂「八字純陰」。人群中大概有十六分之一「八字純

口發言。

陰」，「八字純陽」亦然。

「八字純陽」的命造，一般性格是心直口快，遇事多主動表達個人意見。「八字純陰」的命造則相反，一般性格是謀定後動，旁人不直接追問，當事人極少主動開口發言。

天干陽是陽、陰是陰，沒有既陰且陽。

地支則不然，由子至亥，奇數序號為陽支、偶數序號將為陰支。但是支中藏有天干，於是現實可以出見陽支藏陰干、陰支藏陽干的特別情況。

子午是陽支，但是子中藏癸水，午中藏丁火己土；都是陽支只藏陰干。

卯酉是陰支，卯中獨藏乙木，酉中獨藏辛金；都是陰支只藏陰干。

寅申是陽支，寅中藏三干，甲木、丙火、戊土；申中藏三干，庚金、壬水、戊土；都是陽支只藏陽干。

巳亥是陰支，巳中藏三干，丙火、戊土、庚金；亥中藏兩干，壬水、甲木；都是陰支只藏陽干。

辰戌是陽支，辰中藏三干，戊土、乙木、癸水；戌中藏三干，戊土、辛金、丁火；都是陽支中既藏陽支，亦藏陰支。

丑未是陰支，丑中藏三干，己土、癸水、辛金；未中藏三干，己土、丁火、乙木；都是陰支中只藏陰支。

審視十二地支所藏各干（即「支藏人元」），可以分為以下幾類：

（一）陽支只藏陽干，不藏陰干：寅申，是純陽的地支。

（二）陰支只藏陰干，不藏陽干：卯酉、丑未，是純陰的地支。

（三）陽支只藏陰干，反而不藏陽干：子午，前賢有稱之為「體陽用陰」。

（四）陰支只藏陽干，反而不藏陰干：巳亥，前賢有稱之為「體陰用陽」。

（五）陽支而既藏陽干，亦藏陰干：辰戌。

至於陰支而陽干陰干都藏的情況，並不存在。

於是嚴格的八字純陽，地支只有寅申合格；子午、辰戌都不算純陽。

嚴格的八字純陰，地支只有卯酉、丑未合格；巳亥都不算純陽。

綜合「支藏人元」的陰陽實況，鄭督生在巳月，巳中所藏三干皆為陽干，屬「體陰用陽」。故此鄭督的「八字純陰」不算最純，八字中共七個字純陰，稍帶點雜。

第三節　日元強弱

乙木生於孟夏建巳之月，木日生於火月，泄氣休囚。八字共一水兩木，兩火兩金一土。水能生木，所以八字其他七字是水是木，都可以幫助身強。木生火、剋土、被金剋。木遇火泄氣、遇土耗身、遇金受制，八字其餘七個字是火是土是金，都可以令到身弱。現在鄭督四柱水木不多，日元少幫扶而多剋泄，初步可以確定為身弱。當然身強身弱並不是單單算多寡，還有許多變化。下文再談。

前人論命，以男命宜身強，女命宜身弱。

男命身弱不能任財官，所謂：「大丈夫不可一日無權，小丈夫不可一日無錢。」男命能財者富、任官者貴。財多身弱，則不能御財而受制於財。官盛身衰，則無足取貴。

至於女命，身強者一般印比眾而食傷官殺寡。女命以官殺為父、食傷為子女。身強則食傷、官殺無氣。不過現代社會婦女有自己職業，身強而能任財官者，則富貴可以自求，不必專靠夫子顯赫益蔭。

同樣是身強身弱，還要再分程度。

最粗略是於「強」之外，再加一個比強還強得很多的層級，必是「極強」；比一般的「強」稍為弱的，可算是「稍強」，這樣就有三個層次的「強」了。同理，「弱」也是派生出「極弱」和「稍弱」，亦分三層。再加「中間落墨」的「不強不弱」，可分七個程度。姑分列如下：

極強 ＞ 強 ＞ 稍強 ＞ 不強不弱 ＞ 稍弱 ＞弱 ＞ 極弱

日元除了要分強弱之外，還要再分「有根」和「無根」。身強身弱，與有根無根沒有必然關係。

身強者多數有根，但世事無絕對，許多事情都有例外。

鄭督生於乙酉日，乙木通根於未時，因為未是木之墓庫，經云：「天干得一比肩，不如地支一墓庫。」

只此月干的乙木是比肩，未時中所藏乙木，是墓庫。故此這個乙木日元是弱而有根。

第四節　十神輕重

十神，是子平法的其中一條重要的理論基礎。將五行生剋關係再分別出陰陽，便成為十神。

四柱八字之中，日干代表當事人自己，日干與其餘七字的關係，就構成八字的格局組合。

十神口訣為：

生我者正印、偏印。

同我者比肩、劫財。

我生者食神、傷官。

我剋者正財、偏財。

剋我者正官、七殺。

如果以陰陽異同來劃分，又有另一訣：

比肩共食神，偏財又偏印，七殺是同群。

比劫共傷官，正財還正印，正官是當權。

當中比肩、食神、偏財、偏印、七殺的陰陽與日干相同。

其餘劫財、傷官、正財、正印、正官的陰陽與日干相異。

總計鄭督八字，於日干之外，十神的數量分別為：

無正印，一偏印。

二比肩，無劫財。

二食神，一傷官。

一正財，一偏財。

一正官，二七殺。

印與比幫扶日元，共三個。

食傷財官殺剋泄日元，共八個。

即使不考量出生月令的五行，也可以進一步判斷為身弱的八字。

附帶一提，十神要分陰陽，易占中有所謂「火珠林」法，又稱「文王卦」，於五行的生剋關係，有「六親」的術語：

生我者父母。

同我者兄弟。

我生者子孫。

我剋者妻財。

剋我者官鬼。

以上五種生剋關係，為何叫「六親」呢?原來「卦身」亦算一親。①火珠林法在占得一卦六爻之後，以其中一爻為「卦身」，代表問卜者，然後以「卦身」五行，與其餘各爻五行的關係推算吉凶。

在子平法，則以日干代表算命的當事人，以日干的陰陽五行，與其他七字的陰陽五行結合，推算人的一生吉凶禍福。

二者比較如下：

父母爻，似正印、偏印。

兄弟爻，似比肩、劫財。

子孫爻，似食神、傷官。

妻財爻，似正財、偏財。

官鬼爻，似正官、七殺。

---

① 《〈火珠林〉二種》，香港，心一堂，二〇二一，頁一〇。

第五節　食神格身弱見梟神

八字格局，離不開十神組合。

最主要的辨法，從月令取格。

月支所藏天干，有透出者優先取格，無干透則亦可以月支本氣取格。

此外，還有其他常用辨法：

（一）十神中有任何干透支藏的組合。

（二）干支四見。

（三）地支三合、三會。

（四）以上皆無，可視為無格。不過仍可權取月支為格。

鄭督生在季夏巳月，巳中藏丙戊庚三干，皆未透出。

地支無三合三會，只有兩個半合。

天透地藏，則有丁火食神，通根於未時，故可取為「食神格」。

食神格，按一般教科書的說法，是：

（一）不喜身弱；

（二）不喜見「梟神奪食」。

「梟神」是偏印的別稱，偏印剋食神而陰陽相同，食神是吉神，不喜受強剋。

鄭督的八字，見癸水偏印在時，丁火食神在年，中間隔了乙木比肩在月，癸水生乙木，乙木生丁火，於癸水就不會強剋丁火。月干的乙木，起了「通關」的作用。日干的乙木，這方面的力量就弱了。

至於乙木日元的食神格不甚畏身弱，則與乙木的特殊性情有關，下文再論。

第六節　五行四時喜忌——木生於夏

子平法有許多套理論，初學者起要掌握其中最基本的幾項。

上文略論五行眾寡、干支刑沖會合、身強身弱和十神組合等等。

此下要談四時喜忌。

日元的五行，與四時旺氣的五行，還是那五種關係。

此下，日元為「我」：

旺氣與我五行相同，我最強，稱「旺」。

旺氣生我，我次強，稱為「相」。

我生旺氣，稱為「休」。

我剋旺氣，稱為「囚」。

旺氣剋我，稱為「死」。

四時的自然旺氣強，個人的五行相對就弱得太多。這個「我」，既無足夠的能量生自然旺氣，也無能量剋自然旺氣，一般我們對於「休」和「囚」不再特別區分，統稱「休囚」。同樣「旺」和「相」有些時候也不特別區分，亦可以統稱「旺相」。不過「休囚」合稱的多，「旺相」合稱的少。

至於自然旺氣剋我，就弱極似死。但是這個「死」字，只是慣用的術語，說明很弱，初學者不必望文生義。

古代中國天文學發達，早就測量到一「年」共三百六十五天有餘，為方便討論，籠統算是三百六十天。

許多古代文明都將一「年」分為四個時段。在中國稱為春、夏、秋、冬，各佔約九十天，合稱「四時」。

生月 ＼ 我	木	火	土	金	水
春（寅卯辰）	**旺**	相	**死**	囚	休
夏（巳午未）	休	**旺**	相	**死**	囚
秋（申酉戌）	**死**	囚	休	**旺**	相
冬（亥子丑）	相	**死**	囚	休	**旺**

寅卯月：60天木旺。巳午月：60天火旺。申酉月：60天金旺。亥子月：60天水旺。

圖表一：日元與四時旺氣之關係

生月 ＼ 我	木	火	土	金	水
木月（寅卯）	**旺**	相	**死**	囚	休
火月（巳午）	休	**旺**	相	**死**	囚
土月（辰未戌丑）	囚	休	**旺**	相	**死**
金月（申酉）	**死**	囚	休	**旺**	相
水月（亥子）	相	**死**	囚	休	**旺**

辰月：前12天木旺，後18天土旺。未月：前12天火旺，後18天土旺。
戌月：前12天金旺，後18天土旺。丑月：前12天土旺，後18天土旺。

圖表二：日元與五行月令之關係

按照五行理論，春天木旺；夏天火旺；秋天金旺；冬天水旺。一年分四時，就沒有「土旺」日子。前賢有許多辦法解決這個問題，三百六十天分五份，每份該佔七十二天。子平家就將春、夏、秋、冬的木旺、火旺、金旺、水旺各扣減十八天而剩下七十二天，這四份扣減出來的日子，是四乘十八，剛好也是七十二天，撥歸土旺。

於是一年由立春開始，五行各旺七十二天。即：

立春後，木旺七十二天。然後土旺十八天。

立夏後，火旺七十二天。然後土旺十八天。

立秋後，金旺七十二天。然後土旺十八天。

立冬後，水旺七十二天。然後土旺十八天。

又因每時共分三月，如春三月，是孟春（建寅之月）、仲春（建卯之月）和季春（建辰之月）。前兩月約各佔三十天，後一月分兩份，前一份十二天按上兩月的五行論旺，餘下十八天是土旺。於是季夏之月（未月）、季秋之月（戌月）、季冬之月（丑月）都是後十八天土旺。於是有「土王（旺）四季」的說法。「四季」原本是季春、季夏、季秋、季冬的合稱。

春夏秋冬原本合稱「四時」，後來西方的用詞傳入中國，前人譯「seasons」為「季節」，簡稱為「季」，逐漸春夏秋冬在民間就改稱為「四季」了。

「四時」作為春夏秋冬的合稱，仍在中醫術語中保留，有所謂「四時感冒」，當中的「四時」就是春夏秋冬。

日干可分五行，五行與四時交涉，共成二十個組合。五行再分陰陽，就是十干，十干與十二個月交涉，共成一百二十個組合。子平經典《窮通寶鑑》即是按這個思路去編排和探討。鄭督的八字是乙木日元生於孟夏巳月，第一層的分析討論是「夏月之木」：

夏月之木，根乾葉燥，盤而且直，屈而能伸。欲得水盛而成滋潤之力，誠不可少。切忌火旺而招焚化之憂，故以為凶。土宜在薄，不可厚重，厚則反為災咎。惡金在多，不可欠缺，缺則不能琢削。重重見木，徒以成林；疊疊逢華，終無結果。①

此下按這段分析去逐一研究鄭督的八字，得出以下結論：

① 徐樂吾《窮通寶鑑評註 附 增補月談賦 四書子平》，香港，心一堂，二〇一五，頁一〇。

（一）水：水不盛，只有癸時一點水。
（二）火：火較多但不算旺，年干丁火，巳月藏一丙火，未時藏一丁火。無焚之憂，不以為凶。
（三）土：巳月中藏一戊土，未時中藏一己土。不算厚，不為災咎。
（四）金：酉年酉日兩點金，不多亦不缺，可以琢削。
（五）木：月干乙木，未時中藏一乙，木不重。
綜合各個問題，都沒有犯上。

第二層的進階論述，則是：

四月乙木。自有丙火，耑取癸水為尊。

四月乙木，專用癸水，丙火酌用。雖以庚辛佐癸，須辛透為清①。

「四月」在此指建巳之月，不是指農曆四月初一至月底那種以月缺（正式天文學術語為「日月合朔」）為初一的「朔望月」，而是以太陽行度二十四節氣來決定的「回歸月」②為準。即由立夏節到小滿節前的一刻，交了小滿就是建午之月。巳中藏丙戊庚，故「自有丙火」。

① 徐樂吾《窮通寶鑑評註　附　增補月談賦　四書子平》，香港，心一堂，二〇一五，頁五六。
② 潘國森《金庸命格淺析——斗數子平合參初探》，香港，心一堂，二〇一九，頁五六至五八。

「耑取癸水」、「專用癸水」都說明八字必須有癸水偏印，格局才高！

乙木日元，以丙火為傷官，癸水為偏印。換言之，乙木生於巳月，以傷官和偏印為吉神，即是《窮通寶鑑》的觀點。

凡乙日生於巳月，四柱有丙、癸，即是佳命。至不濟亦主人生有條件幹喜歡幹的事。鄭督的八字是丙藏癸透，癸水雖然無根，行運北方水旺之地，亦可發福。

又癸水的特性，喜歡庚辛金「發水之源」，鄭督有兩辛一庚，唯是庚辛不透干，格局算是不夠清。

第七節　《滴天髓》論十干性情

前文先後按十神統計、十神格局、四時五行喜忌等等子平基礎學理分析鄭督的八字。

此下再介紹名著《滴天髓》論乙木：

乙木雖柔，刲羊解牛。懷丁抱丙，跨鳳乘猴。虛濕之地，騎馬亦憂。藤蘿繫甲，可春可秋。①

---

①《滴天髓闡微——附李雨田命理初學捷徑》，香港，心一堂，二〇一三，頁七五至七六。

乙是陰木，與甲是陽木對比，前賢以甲為喬木、乙為草木，再兼陽剛陰柔，所以說乙木是柔木。

十二地支配十二屬相，在生年就是人所其知的生肖。未配羊、丑配牛，民俗以未年出生者為「生肖屬羊」，丑年出生者為「生肖屬牛」。

子平以立春的一刻為兩歲交換的時間點。公元二〇二一年歲次辛丑，立春在二月三日晚上十時五十七分，此前仍是庚子。假如在當天晚上十一時後出生，「生肖屬牛」；若在同一晚的晚上九時、十時，則仍算「生肖屬鼠」。

近年的立春較多在二月四日，屬鼠還是屬牛，仍得要看甚麼鐘點交立春節。

「刲羊解牛」從形象上解，是草木可以不受丑土未土的阻礙，萌芽後可以破土而出。

從子平的五行來講，是指乙木可以駕御丑土和未土。

丑土藏三干，分別是己土本氣，癸水餘氣和辛金墓庫。

未土亦藏三干，分別是己土本氣，丁火餘氣和乙木墓庫。

木能剋土，日元所剋為財。初學者都知「身旺不能任財官」，不過中國傳統術數講的陰陽五行學說繁多，經常有例外。乙木雖然是柔木，但是仍然可以制財星，這屬於「十干性情」的學理，不可視為與「十神」學說有衝突抵觸。所有學說都有應用範圍和條件，故此我們初學者必須參考最常用的理論，再綜合研判，按實況調整，方能學以致用。

再談「懷丁抱丙，跨鳳乘猴」。

十二地支以申配猴，酉配雞。鳳是中國傳統文化非常重視的神鳥，有學者認為鳳可能就是孔雀，民俗常以鳳喻雞，因雞為三禽之中國人最多食用的家禽，其餘二者為鴨與鵝。

丙是陽火，丁是陰火。申中主要藏庚金，兼藏壬水和戊土。酉則只藏辛金。

乙屬木，木生火，金剋木。

乙日見地支有申酉，就是日元受剋制，但是只要柱有丙丁，火可以制金，草木之乙就不怕金剋了。

鄭督八字丁年巳月，巳是丙火祿位，合「懷丁抱丙」條件。

另有酉年酉日，是雙重「跨鳳」了，有丙傷官丁食神制兩辛殺。

乙為陰干，下坐只能酉雞（鳳），不能坐申猴，所謂「跨鳳乘猴」只是修辭需要。不同於「刲羊解牛」，因為乙日既可以坐丑牛，也可以坐未羊。

再有「虛濕之地，騎馬亦憂」。

地支以午火屬馬，午中藏丙干，丁火己土都以午為祿位。乙為陰干，不可以坐午支，「騎馬」亦為修辭技巧。

地支以亥子丑為北方，主水旺，亥藏壬、子丑藏癸，另申金中藏有壬水，辰土藏癸水。不論亥子丑北方三會水，還是申子辰三合水，都是不可缺子水，此五支藏水為「濕」。

「濕」與「燥」相對。巳午未為南方，主火旺，巳藏丙，午未藏丁，還有寅木中藏有束丙火，戌土中又藏丁火。巳午未三會火和寅午戌三合火，都不可缺午火，此五支藏火為「燥」。「濕」有五支，「燥」亦有五支。餘下兩支既不濕，亦不燥，就是東方卯木和西方酉金。

這兩句是指乙木日元遇地支多「濕」，則地支有午火亦不足以去濕除寒。

鄭督八字中，地支滴水不藏，不是「虛濕之地」，這條法則與鄭督命造無關。

最後，再談「藤蘿繫甲，可春可秋」。

乙木日元見四柱多木，除了地支有寅卯辰亥未之外，還有他干透出甲木，才算是「藤蘿繫甲」。乙木命造見多木，構成寅卯辰三會木或亥卯未三會木之類，木多木旺的八字，不論春令秋令都可以適應。春令是寅卯辰月，秋令是申酉戌月。換言之，結論是：「乙木日元不甚怕極旺。」

綜合而論，鄭督的八字符合了「刲羊解牛」和「懷丁抱丙，跨鳳乘猴」這兩條經典陳述。

第八節　神煞

有子平家認為神煞之說無理，亦可參考。

子平用的神煞都是繼承自其他術數。

神煞中以天德貴人、月德貴人最能增強當事人的福澤，兩位貴人由月支決定。

表格一：天德貴人、月德貴人起例

月支＼貴人	天德	月德
子	巳	壬
丑	庚	庚
寅	丁	丙
卯	申	甲
辰	壬	壬
巳	辛	庚
午	亥	丙
未	甲	甲
申	癸	壬
酉	寅	庚
戌	丙	丙
亥	乙	甲

幽微賦云：仁慈敏惠，天月二德呈祥。[1]

陳素菴云：人命值此二德，多多益善。吉者增吉，凶者減凶。臨於財官印食。福力倍隆。即臨梟殺劫傷，暴橫益化。若二德自遭衝剋，則亦無力。[2]

① 袁樹珊《新命理探原》，香港，心一堂，二〇一四，頁一二五。
② 袁樹珊《新命理探原》，香港，心一堂，二〇一四，頁一二六。

有些術家只論天德貴人和月德貴人，鄭督八字未見二德。

不過另有些術家認為「天德合」和「月德合」的力量各自與天德、月德兩貴人相同。如果兼用兩合，八字遇上兩位貴人的機會就大了。

天月德及德合，皆主慈祥和善，逢凶化吉。①

表格二：天德、天德合、月德、月德合起例

月支 ＼ 貴人	天德	天德合	月德	月德合
子	巳	申	壬	丁
丑	庚	乙	庚	乙
寅	丁	壬	丙	辛
卯	申	巳	甲	己
辰	壬	丁	壬	丁
巳	辛	丙	庚	乙
午	亥	寅	丙	辛
未	甲	己	甲	己
申	癸	戊	壬	丁
酉	寅	亥	庚	乙
戌	丙	辛	丙	辛
亥	乙	庚	甲	己

① 不空居士、覺先居士合纂《算命一讀通》，香港，心一堂，二〇一三，頁四五。

鄭督乙日巳月生，若只論天德月德，則八字未帶此二貴人。若兼論天德合、月德合，則乙日是本命帶月德合，一生受用；乙月是月德合在月干，就受到四柱年限和十神關係局限了。而即使是人生沒有大作為的平庸命，八字帶天德月德亦主一生無大災禍，可得平安。

紫微斗數亦有天德、月德兩雜曜，但是起例與子平不同，也沒有天德合和月德合，作用亦遠遠不及子平那麼吃重。

子平用的神煞繁多，本書只選一些常用的作參考。

鄭督命帶寡宿，孤辰寡宿的起例與紫微斗數相同，可見斗數借用大量神煞。兩種術數的分別，是紫微斗數命盤必有孤辰寡宿。子平則不一定人人都命帶孤寡。孤辰寡宿對人生的影響，亦以子平為重、斗數為輕。斗數的孤辰寡宿只是雜曜，雜曜通常不起關鍵的作用，在六親宮位要煞重才有較大的負面影響。

這兩個神煞一孤一寡，影響命主的家屬運，最粗淺的理解是男怕孤、女怕寡。鄭督八字官殺有力，主配偶有出息。時支坐寡宿就只宜理解為晚年與配偶之間的生活情趣退減。雖然支見官殺混雜，但官殺亦半合，故鄭督與配偶生活甚為單純，初時工作繁忙、後來位高權重。且夫星不透，其尊夫便不甚顯眼，鮮有曝光了。自從鄭督陞官之後，原先計劃在完成上屆香港特區「二把手」的工作之後、便退休與丈夫享受二人世界的願望，已經落空了幾年。近年鄭督在公開場合都婉拒回答涉及家屬的問題，並聲言想起都要落淚。會否繼續「寡宿」下去，讀者可以拭目以待。

表格三：孤辰寡宿起例

年支	孤辰	寡宿
子	寅	戌
丑	寅	戌
寅	巳	丑
卯	巳	丑
辰	巳	丑
巳	申	辰
午	申	辰
未	申	辰
申	亥	未
酉	亥	未
戌	亥	未
亥	寅	戌

鄭督八字還兩帶將星。紫微斗數的將星從年支起，人人皆有。子平的將星既從年支起，也從日支起。鄭督是酉年酉日生，酉年見將星在酉日，酉日又見的將星在酉年。

古經云：「將星文武兩相宜，祿重權高足可知。」

《三命通會》云：「將星者。如大將駐劄中軍也。」①

故鄭督生平，必多部屬，有相當的管理能力和領導才華。

斗數的將星力弱，不能與子平的將星相提並論。

① 袁樹珊《新命理探原》，香港，心一堂，二〇一四，頁一三一。

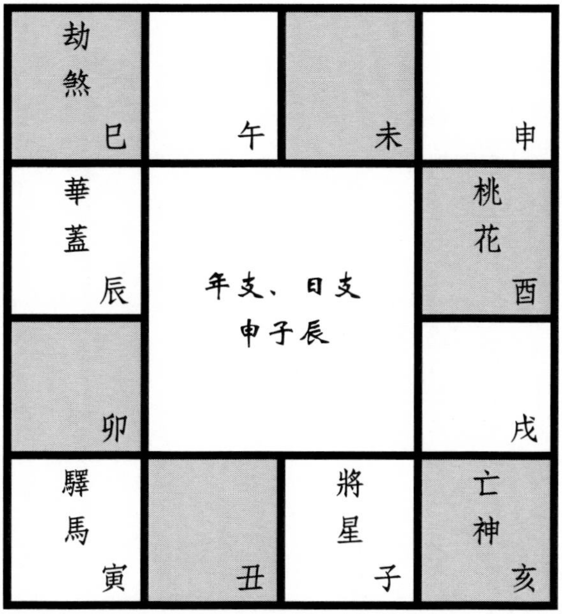

圖表三：部份神煞起例示意（申子辰年、申子辰日）

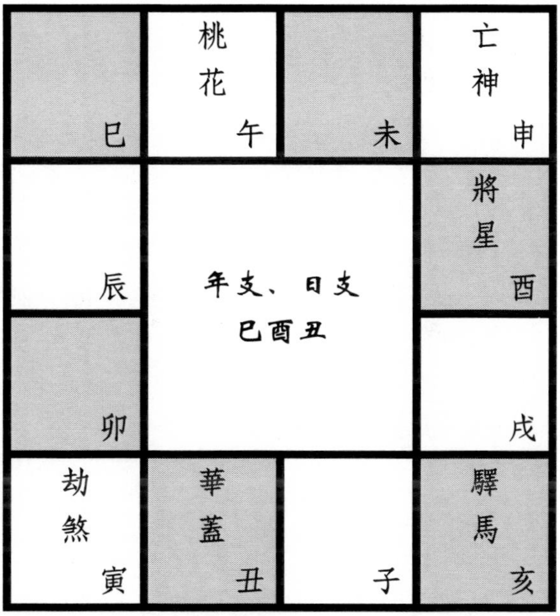

圖表四：部份神煞起例示意（巳酉丑年、巳酉丑日）

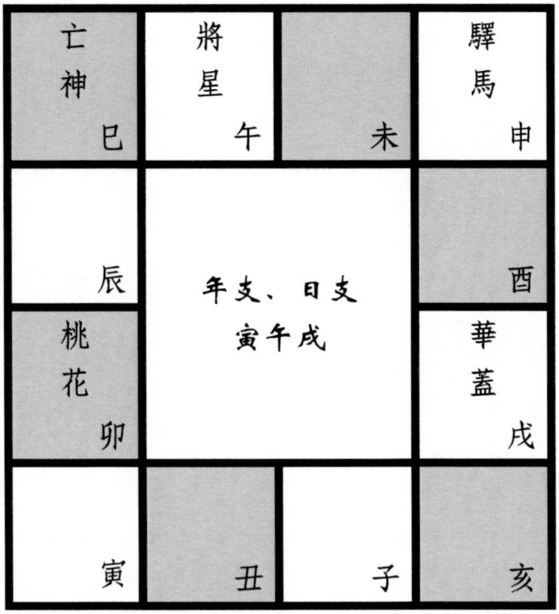

圖表五：部份神煞起例示意（寅午戌年、寅午戌日）

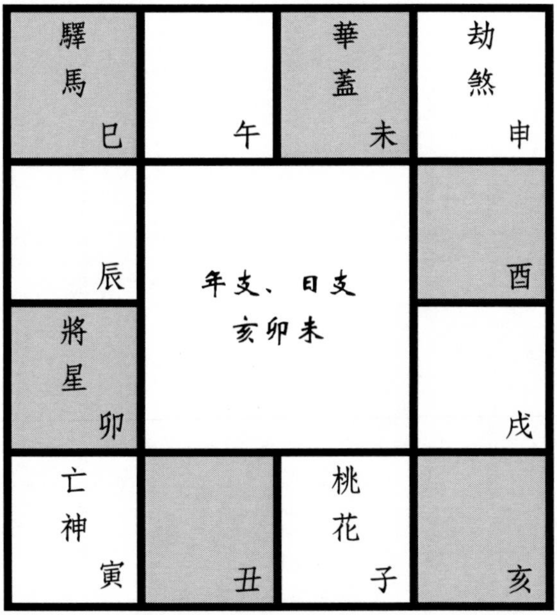

圖表六：部份神煞起例示意（亥卯未年、亥卯未日）

第九節　格局轉變與運歲簡述

由十神定的八字格局，可以按年限又分為兩派學說。一派是一個八字只有一個格，而且由月支決定。按這派的方法，鄭督是乙日生於巳月，巳中三干並無透出，便以巳中丙火本氣為格，是為「傷官格」。另一派是一個八字不限一個格，就是前文介紹過的取格辦法。

我們認為後一派的說法更靈活和合理。

用在鄭督的八字，只有丁火天透地藏，丁火在年，未土在時，是為「食神格」。食神格而帶有傷官（巳中丙火），又為「食傷混雜」，即是並不純粹的食神格。地支年月酉巳，月日巳酉，都是半合金局，四十八歲前是「食神制殺」。四十九至五十六時干癸水值年，為調候用神，得以出任香港特區「二把手」，後再陞為行政長官。二〇一五年乙未，虛齡五十九，運轉北方，交辛亥運，癸水得地，辛殺出干，轉為「殺印相生」，所以取貴。

本造癸水出干，行運不忌金（官殺），以有印化之故。唯是不喜財星出干，破損印星。

鄭督在二〇一七年丁酉接任香港特區「二把手」，後再升為行政長官，由地方政府的「二把手」升為「一把手」，流年卻有不利。原來任誰在虛齡六十一歲的流年都是「年柱太歲伏吟」，即是流年太歲干支與原局年柱干支相同，伏吟可吉可凶，而不論吉凶的特點是有「多此一舉」的情況。原局酉年酉日，已犯酉酉自刑，再行丁酉流年，是為伏吟兼三酉自刑。其實此造凡遇酉年，都是三酉自刑，常主自尋煩惱。不過命帶月德合，可以「逢凶化吉」。

是年的選舉，屬例行公事，在上一年二〇一六年丙申，因其前任梁督宣佈不尋求連任，於是打亂了鄭督原先退休的規劃，接受陞官的安排。

丙申年之吉，在於入北方水運，流年丙申，與命中乙丁合為「乙丙丁地下三奇」。

鄭督陞官後，真正遇上重大麻煩是在於二〇一九年己亥，原局已見「酉酉自刑」，大運辛亥、流年太歲己亥，又添「亥亥自刑」，兩重自刑，可不是「一加一等於二」那麼簡單，這「自尋煩惱」的破壞力疊加數倍。

任何命造，都以第六個大運為「衝提大運」，「提」是「月令提綱」，即大運與月柱雙衝。在鄭督是辛亥運衝剋乙巳月（辛剋乙、巳亥衝），流年己亥又再雙衝月柱（乙剋己、巳亥衝）。這一年香港市面暴亂橫生，鄭督有四面楚歌、被前後夾擊之憂。

二〇二〇年庚子，月柱日柱兩乙爭合一庚，庚金為乙木日元之正官，月上乙木爭合，主權力受損傷、福澤被分薄。傳言鄭督因辦事不力而將被中途撤換的說法甚囂塵上。不過子水為癸水專祿，用神得地，凶中又藏吉。

二〇二一年辛丑，與大運辛亥交涉，拱出子水，湊成亥子丑北方一氣，兩辛通根兩酉，七殺故然旺，偏印亦旺，「殺印相生」則化煞為權。執筆之時，辛丑年過了一大半，鄭督似有重掌權柄之勢。

二〇二二年壬寅，為香港政府最高首長換屆之年。壬水合年干丁火而化木，大運亥支會流年寅支又化木，乙木日元轉弱為強。凡日元強者，主當事人願有作為；日元弱者，則遇事無可無不可。

後運壬子，癸水調候用神得地，看來鄭督的好運還未走完。

而壬寅年之換屆，將取決於辛丑年的最後決定。

鄭督居此高位，恐怕是由原來的「勉為其難」，一轉而為主動的「自我實踐」（Self-actualization）。

第三章　疑似董督命格——日月合照

第一節　命無正曜

先談

一：不談借星按宮，空宮全部沒有分別，不必特別理會對宮的正曜星系。

二：談借星按宮，空宮與借宮沒有分別。

三：談借星按宮，空宮而借對宮兩星，與兩星同宮對空宮，有所區分。

紫微在子宮

（一）丑宮無正曜，對宮未宮坐天同巨門。

（二）卯宮無正曜，對宮酉宮坐太陽天梁。

紫微在午宮

（一）未宮無正曜，對宮丑宮坐天同巨門。

（二）酉宮無正曜，對宮卯宮坐太陽天梁。

紫微在丑宮

（一）亥宮無正曜，對宮巳宮坐廉貞貪狼。

（二）申宮無正曜，對宮寅宮坐天同天梁。

紫微在未宮

（一）巳宮無正曜，對宮亥宮坐廉貞貪狼。

（二）寅宮無正曜，對宮申宮坐天同天梁。

紫微在寅申宮

十二宮皆有正曜，沒有空宮。

紫微在卯宮

（一）酉宮無正曜，對宮卯宮坐紫微貪狼。

（二）申宮無正曜，對宮寅宮坐天機太陰。

紫微在酉宮

（一）卯宮無正曜，對宮酉宮坐紫微貪狼。

（二）寅宮無正曜，對宮申宮坐天機太陰。

紫微在辰宮

（一）未宮無正曜，對宮丑宮坐太陽太陰。
（二）酉宮無正曜，對宮卯宮坐天機巨門。

紫微在戌宮

（一）丑宮無正曜，對宮未宮坐太陽太陰。
（二）卯宮無正曜，對宮酉宮坐天機巨門。

紫微在巳宮

（一）午宮無正曜，對宮子宮坐天同太陰。
（二）申宮無正曜，對宮寅宮坐太陽巨門。
（三）戌宮無正曜，對宮辰宮坐天機天梁。
（四）未宮無正曜，對宮丑宮坐武曲貪狼。

紫微在亥宮

（一）子宮無正曜，對宮午宮坐天同太陰。
（二）寅宮無正曜，對宮申宮坐太陽巨門。
（三）辰宮無正曜，對宮戌宮坐天機天梁。
（四）丑宮無正曜，對宮未宮坐武曲貪狼。

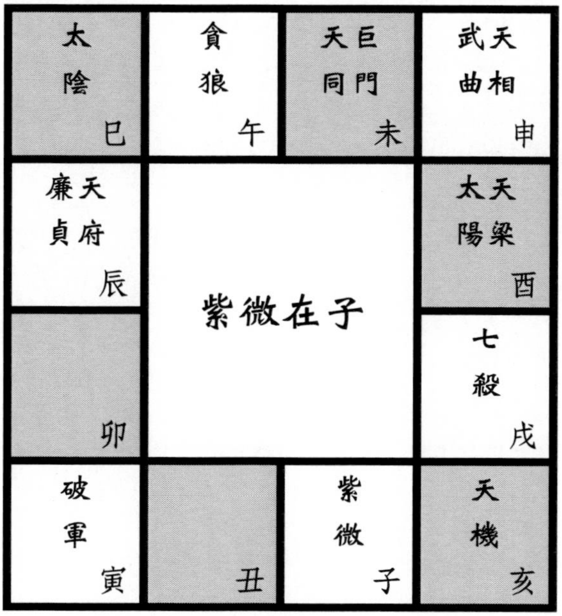

圖表一：紫微在子，兩空宮

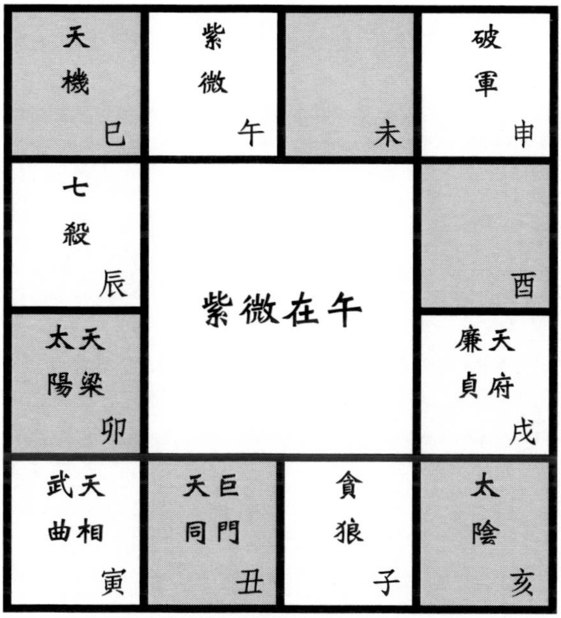

圖表二：紫微在午，兩空宮

貪狼 廉貞 巳	巨門 午	天相 未	天梁 天同 申
太陰 辰	**紫微在丑**		七殺 武曲 酉
天府 卯			太陽 戌
寅	破軍 紫微 丑	天機 子	亥

圖表三：紫微在丑，兩空宮

巳	天機 午	破軍 紫微 未	申
太陽 辰	**紫微在未**		天府 酉
七殺 武曲 卯			太陰 戌
天梁 天同 寅	天相 丑	巨門 子	貪狼 廉貞 亥

圖表四：紫微在未，兩空宮

巨門 巳	廉貞 天相 午	天梁 未	七殺 申
貪狼 辰	紫微在寅		天同 酉
太陰 卯			武曲 戌
紫微 天府 寅	天機 丑	破軍 子	太陽 亥

圖表五：紫微在寅，無空宮

太陽 巳	破軍 午	天機 未	紫微 天府 申
武曲 辰	紫微在申		太陰 酉
天同 卯			貪狼 戌
七殺 寅	天梁 丑	廉貞 天相 子	巨門 亥

圖表六：紫微在申，無空宮

天相 巳	天梁 午	廉貞 七殺 未	申
巨門 辰	紫微在卯		酉
紫微 貪狼 卯			天同 戌
天機 太陰 寅	天府 丑	太陽 子	武曲 破軍 亥

圖表七：紫微在卯，兩空宮

武曲 破軍 巳	太陽 午	天府 未	天機 太陰 申
天同 辰	紫微在酉		紫微 貪狼 酉
卯			巨門 戌
寅	廉貞 七殺 丑	天梁 子	天相 亥

圖表八：紫微在酉，兩空宮

天梁 巳	七殺 午	未	廉貞 申
紫微 天相 辰	紫微在辰		酉
天機 巨門 卯			破軍 戌
貪狼 寅	太陽 太陰 丑	武曲 天府 子	天同 亥

圖表九：紫微在辰，兩空宮

天同 巳	武曲 天府 午	太陽 太陰 未	貪狼 申
破軍 辰	紫微在戌		天機 巨門 酉
卯			紫微 天相 戌
廉貞 寅	丑	七殺 子	天梁 亥

圖表十：紫微在戌，兩空宮

紫微 七殺 巳	午	未	申
天機 天梁 辰	紫微在巳		廉貞 破軍 酉
天相 卯			戌
太陽 巨門 寅	武曲 貪狼 丑	天同 太陰 子	天府 亥

圖表十一：紫微在巳，四空宮

天府 巳	天同 太陰 午	武曲 貪狼 未	太陽 巨門 申
辰	紫微在亥		天相 酉
廉貞 破軍 卯			天機 天梁 戌
寅	丑	子	紫微 七殺 亥

圖表十二：紫微在亥，四空宮

「日月守」與「日月合照」

全數一百四十四個星系組合入面，其有二十四個星系是無正曜的空宮，合共六分之一。

日月守，不如合照。①

以紫微在戌宮的盤為例，進一步了解「日月守」和「日月合照」兩個不同的格局。

先談「日月合照」。

具體是丑宮安命無正曜，對照未宮的太陽太陰，三合宮會照巳宮天同、酉宮天機巨門。星系可稱為：「日月；機巨、同。」

「日月合照」一般優於「日月守」。

「日月守」，是未宮安命，坐太陽太陰，對照丑宮是沒有正曜的空宮，三合宮是亥宮的天同、卯宮是沒有正曜的空宮。

陸斌兆論太陽在未：

未宮名「天輝」，日月光輝，主權重豪爽。②

① 《紫微斗數全書（明末清初木刻真本）》，香港，心一堂，二〇一七，頁五八。
② 陸斌兆《紫微斗書講義》〈太陽星〉。

論太陰在未則是：

未宮，名「天圭」。日月同度，性情爽直，忽陽忽陰，但不利母星。①

礙於格式所限，我們讀前賢的斗數著作，遇上兩正曜同宮的星系，經常要兩星合參。前一則解說以太陽為主，後一則以太陰為主。故有開闔，不盡相同。

不用借星安宮的派別，董督命宮這個星系就是太陽太陰，會照天同，共三正曜。用借星安宮的，星系就是太陽太陰，會照天梁，借會天機巨門，共五正曜了。星系可稱為：「日月；機巨、梁。」

兩個格局的分別是於「日月機巨」之外，「日月合照」是有天同無天梁；「日月守」是有天梁無天同。天同化氣為福，天梁化氣為蔭；但這不是最重要的差別。真正的原因是丑未宮的太陽太陰必是一光一暗，若坐宮便會有陰晴不定的不利情況。

丑宮況丑時的太陽太陰，子夜之後月亮有光而太陽下山已久。紫微斗數以丑時的天文實況借題發揮，所以有這個太陽落陷而太陰乘旺的說法。

未宮則況未時的太陽太陰，大白天自必然是太陽乘旺而太陰落陷無光了。

如果是借宮，即是「合照」，就沒有一光一暗、陰晴不定的毛病。

---

① 陸斌兆《紫微斗書講義》〈太陰星〉。

董督斗數命盤是丑宮安命無正曜（參見本書末〈附錄〉）的「日月合照」格，是「日月；機巨、同」的星系組合。

丁年生人，四化星是太陰化祿、天同化權、天機化科、巨門化忌，於是形成「祿權科忌四化同會」的特別格。

前面介紹過鄭督的斗數命格是「月照寒潭」與祿權科三吉化同會的吉格。

按照十干四化規律，甲干、丙干、丁干、辛干都有可能在命宮見三吉化同會。

而丁干和辛干還有可能是四化同會於命宮。

這樣是不是代表，甲丙丁辛年出生的人更佔便宜？

我們可不能這麼說，「祿權科會」只是紫微斗數芸芸格局中，其中一個良好的大格，其他格局也可以比「祿權科會」或「四化同會」更佳。只不過剛好鄭督和董督分別是「祿權科會」和「四化同會」而已。

董督的命格，正曜是「日月；機巨、同」，「四化同會」。太陽太陰在未宮又得午宮右弼和申宮左輔相夾，雖然稍為不及「輔弼夾帝」，也是「輔弼夾主星」的佳局，再會文昌文曲對星和天鉞單星，雜曜有龍池鳳閣，亦合「百官朝拱」。雖然有羊陀照射，命宮又坐天刑破碎，只是惡性競爭不免，富貴可期。

身宮在亥宮值夫妻宮，天梁對照天同化忌，會太陽太陰化祿，借會天機化科巨門化忌，也是祿權科忌「四化齊會」。身宮星系組合，除了正曜多了天梁天馬，還多了天魁天鉞對星和鈴星，構成「三煞並照」。天馬主多動，鈴星主突發變動，主當事人後天際遇增加了不少奔波。

因為借星安宮，這個盤的命身宮群入面，命宮、夫妻宮、財帛宮和事業宮都是「四化同會」。而遷移宮和福德宮則不能會照天同化權，都是祿科忌三化同會。不用借星安宮辦法的派別，會得出不同的星系組合，在此不一一列明。畢竟我們是「借星安宮」的流派，不用「借星安宮」的方式，我們只需略知其大概就可以。

若論「三煞並照」，則此盤有夫妻宮的天梁和財帛宮的天機化科巨門化忌兩宮合格。人生必經財困，感情生活亦非十全十美，好在正曜天梁，又見魁鉞昌曲對星，諸般難題都可以逢凶化吉，遇難呈祥。

總結一下我們對「命無正曜」的看法。

首先，我們是「借星安宮」的派別。本宮無正曜要借對宮，兩個三合宮沒有正曜也要借，這在前文已經說得很清楚。

其次，我們區分「坐宮」和「借宮」，這個觀點的根據是「日月守，不如合照」的古訣。有不少初學者不習慣沒有量化數字幫助理解，如果我們要隨俗，也可以這樣。以董督命宮的「日月、機巨、梁」星系，因為日月是「借宮」不是「坐宮」，借來的「日月」大概佔五成比重，其餘兩個三合宮的「天機巨門」和「天梁」兩星系合佔餘下的一半份量。

如果是「坐宮」，就是董督遷移宮的「日月、機巨、同」星系，這個「日月」就佔七成的比重，其餘各宮只佔三成左右。

第二節　紫微在辰戌丑未星系對調

前文比較了鄭督和蔣公的命盤，兩位都是太陰獨坐命宮對太陽，蔣公太陰在辰而鄭督太陰在戌，十二宮星系都相同，只是換位到了對宮。鄭督的基本盤是紫微在未、蔣公則是紫微在丑。合起來讀者就了解紫微在十二宮之中，紫微在丑未兩宮的結構。

此下我們比較董督和鄭督的命盤，就完成了紫微在辰戌丑未四宮的結構。

董督命盤「紫陽系六曜」的佈置，與鄭督有相同的正曜。
兩位都是廉貞坐父母宮，董督是廉貞獨坐對貪狼，鄭督是廉貞貪狼。
兩位都是天同坐事業宮，董督是天同獨坐對天梁，鄭督是天同天梁。
兩位都是武曲坐友屬宮，董督是武曲天府對七殺，鄭督是武曲七殺對天府。
兩位都是太陽坐遷移宮，董督是太陽太陰，鄭督是太陽獨坐對太陰。
兩位都是天機坐財帛宮，董督是天機巨門，鄭督是天機獨坐對巨門。
兩位都是紫微坐子女宮，董督是紫微天相對破軍，鄭督是紫微破軍對天相。

董督命盤「府陰系八曜」的佈置，卻與鄭督相反。
兄弟宮友屬宮兩對宮，董督是友屬宮武曲天府、兄弟宮七殺，鄭督是友屬宮武曲七殺、兄弟宮天府。
命宮遷移宮兩對宮，董督是命宮空宮、遷移宮坐太陽太陰，鄭督是命宮坐太陰、遷移宮坐太陽。
父母宮疾厄宮兩對宮，董督是父母宮坐廉貞、疾厄宮坐貪狼，鄭督是疾厄宮空宮、父母宮坐廉貞貪狼。

福德宮財帛宮兩對宮，董督是福德宮空宮、財帛宮坐天機巨門，鄭督是巨門坐福德宮、財帛宮坐天機。

田宅宮子女宮兩對宮，董督是破軍坐田宅宮、紫微天相坐兄弟宮，鄭督是天相坐田宅宮、紫微破軍坐子女宮。

事業宮夫妻宮兩對宮，董督是天同坐夫妻宮、天梁坐事業宮，鄭督是夫妻宮空宮、天同天梁坐事業宮。

如果我再回到更入門的層次，董督命盤的基本結構是「紫微在辰戌」而鄭督則是「紫微在丑未」，上述不厭其煩的仔細分析，是為介紹「紫微在辰戌丑未」的基礎。

由此引伸推論，讀者可以舉一反三。

研究紫微在子午、紫微在卯酉，就完成紫微在子午卯酉的組合。

再有紫微在寅申、紫微在巳亥，完成紫微在寅申巳亥的組合。

經過這樣的練習，讀者對紫微斗數基本盤的掌握就能更上層樓了。

第三節　六親宮位比較

父母宮

兩位的父母宮都屬廉貞貪狼星系，廉貞、貪狼皆為惡曜①。

董督廉貞對貪狼，會紫微破軍、武曲天府，南北斗主會齊會而天府帶祿。煞曜只見火星在對宮與貪狼同宮一點火星，是為「煞輕」。

鄭督是廉貞貪狼會紫微破軍、武曲七殺，左輔右弼對星，文昌文曲對星和天魁單星。以吉星論，是優於董督。不過對照鈴星陀羅，會照擎羊，合「三煞併照」，算是「煞重」。不過煞在外而鈴星陀羅同宮減凶②，在三煞組合中，算是比較「禍輕」了。

凡看父母宮，必須兼視太陽太陰，才可以判定與雙親的關係田，畢竟太陽為父星③、太陰為母星④。

鄭督是上弦月（紫微斗數定義初一至十四生人為上弦月，與實際天文術語不同）日生人（紫微斗數以寅時至未時生人為日生，與實際日出日落不同），又兼「日月並明」，對父母便

① 潘國森《紫微斗數登堂心得：三星秘訣篇——潘國森斗數教程（二）》，香港，心一堂，二〇一八，頁二〇三。
② 潘國森《紫微斗數登堂心得：三星秘訣篇——潘國森斗數教程（二）》，香港，心一堂，二〇一八，頁二〇〇。
③ 潘國森《紫微斗數登堂心得：三星秘訣篇——潘國森斗數教程（二）》，香港，心一堂，二〇一八，頁八一。
④ 潘國森《紫微斗數登堂心得：三星秘訣篇——潘國森斗數教程（二）》，香港，心一堂，二〇一八，頁八二。

無刑剋。

董督是下弦月（十六至月底生人為下弦月，十五日出生是不上也不下）日生人，雖然太陽乘旺而太陰無光，因太陰化祿的緣，亦對父母亦無刑剋。

兩人出身不同，鄭督算是草根階層而董督算是「含著銀匙出生」①，當中分別要與田宅宮合參。

田宅宮

鄭督田宅宮星系是天相對紫微破軍，借會廉貞貪狼星系之後，吉星有左輔右弼對星、天魁天鉞對星、文曲單星。同樣擎羊、陀羅、鈴星合為「三煞並照」。再在巨門化忌在後一宮與前一宮的天梁相夾，構成「刑忌夾印」的凶格。此宮是「吉凶交集」，吉曜與凶曜的影響不能互相抵消。

董督田宅宮是破軍對紫微天相，不見祿而少輔（只會左輔單星）。

兩家田宅都不是明顯的強旺結構。

紫微斗數論命，不可以光看命盤就輕率下判斷，仍得要與大運合參。

① 英諺「born with a silver spoon in mouth」，即「生於富貴人家」。

董督初運癸未，田宅宮破軍化祿，父母宮經借星後，是天機化科巨門化忌再化權，與太陽太陰化祿再化科相夾，故童運甚佳。故董督出身富家，其父船王的事業則剛起步。二運壬子，大運父母宮在丑宮、田宅宮在卯宮，星系轉化不贅論，當為給讀者的一個小小習作。

鄭督初運庚戌，大運天同化忌與本命巨門化忌夾大運田宅宮的天相，為「刑忌夾印」兼「雙忌夾」，可知其在上小學的年紀時，家境仍屬草根。

兄弟宮

兩位的兄弟宮都屬「武府殺」星系。天府坐兄弟宮為善曜，七殺為可善可善，武曲則為惡曜[1]。

鄭督是天府對武曲七殺而百官朝拱。董督是七殺對武曲天府而會輔弼祿存。兩位兄弟宮都屬有利的結構。與親兄弟姊妹及平輩朋友的關係基本良好。

---

① 潘國森《紫微斗數登堂心得：三星秘訣篇——潘國森斗數教程（二）》，香港，心一堂，二〇一八，頁二〇三。

子女宮

兩位子女宮都是「紫破相」星系，當中破軍為惡曜，紫微為善曜，天相則可善可惡①。這裡講的「善惡」是孤立單一正曜而言，作為初學者的入門初階而已，無需一成不變。

鄭督子女宮合「紫微輔弼同宮，一呼百諾」的吉格，主子女有出息、有作為，門人弟子亦主得力。

董督子女宮是紫微天相對破軍，雖然有天魁天鉞貴人夾，而又會照天府祿存，但是同時有「刑忌夾印」，亦吉凶交集之格。紫微天相同宮的「刑忌夾印」，比天相獨坐的「刑忌夾印」為輕。不過紫微坐子女宮要有左輔右弼才主助力，董督子女宮的魁鉞夾只主其子女有出息，不主強大助力；門人弟子亦同論。

夫妻宮

兩位夫妻都是「同梁」星系。雖然天同化氣為福、天梁化氣為蔭，二者坐夫妻宮皆作惡曜②論。

---

① 潘國森《紫微斗數登堂心得：三星秘訣篇——潘國森斗數教程（二）》，香港，心一堂，二〇一八，頁二〇三。
② 潘國森《紫微斗數登堂心得：三星秘訣篇——潘國森斗數教程（二）》，香港，心一堂，二〇一八，頁二〇三。

鄭督夫妻宮無正曜，借對宮天同化權天梁，這是「同梁、巨日」星系，如果是坐天同天梁，就是「同梁機月」，即「機月同梁」的又格。因為只是借宮，兩正曜雖「惡」亦減凶。

董督夫妻宮坐天梁，天梁常主災，在夫妻宮初戀容易失敗，夫妻宜有年齡差距，因對宮天同入廟，可得美妻。傳統中國星命術數定義的夫妻年齡有差距，一般指男方年青三年以上，甚至至多，否則女長於男亦可。按資料顯示，董督生肖屬牛、董督夫人生肖屬鼠，夫人年長一歲，等同「年齡差距」，可以化解天梁坐夫妻宮的不利。

兩位都在適婚年齡成家，婚姻美滿。紫微斗數所謂適婚年齡，以第三大運為準；第二大運末或第四大運初亦算。換言之，第二大運前半成家算過早；第四大運後半才算過遲。遲與早還會五行局有關，水二局和火六局之間就差了四年。

友屬宮

友屬宮與兄弟宮相對，故此兩位都是「武府殺」星系。天府坐友屬宮為善曜，武曲七殺都是惡曜①。

鄭督友屬宮是武曲七殺對天府，雖然原則上武曲七殺都是惡曜，但因六吉齊會而只有一點

---

① 潘國森《紫微斗數登堂心得：三星秘訣篇——潘國森斗數教程（二）》，香港，心一堂，二〇一八，頁二〇三。

擎羊，吉多凶少而相差甚夥，故轉凶為吉，大得下屬助力。

董督友屬宮是武曲天府對七殺，天府帶祿而得「祿權夾」（前一宮太陰化祿、後一宮天同化權），右弼單星，僅主助力不強。

兩位的友屬宮都是良好結構，一生不會遇到被下屬嚴重拖累的運勢。

第四節　大運簡述

鄭督和董督都是紫微坐子女宮，不過行運方向相反。

鄭督丁年生，陽男陰女大運逆行，所以中年遇不上紫微運，可算是浪費了這一組紫微破軍星系。即使得享高齡，九十歲後才走紫微百官朝拱大運，人生至此恐亦難有大作為。當今世上我們見證到九十歲以後仍然掌權的政治人物，真如鳳毛麟角，只得寥寥一二人，即是廣府話俗語所講：「一隻手手指數晒。」

董督也是丁年生人，陰男陽女大運逆行，於是第四大運就遇上紫微運。可惜此運雖然亦有吉星輔助，但未夠「百官朝拱」，只是一個開始獨當一面的大運。辰戌為天羅地網，紫微帝座不喜居於羅網，再加見「刑忌夾印」，行事仍多受掣肘。

五運己酉（虛齡四十三至五十二）

己干武曲化祿、貪狼化權、天梁化科、文曲化忌。

我們算紫微斗數，必須記熟十干四化。一個命盤粗略看看，就可以找出特別不利的大運，完全靠，不用紙筆，就可以在命盤上默數飛星。讀者如多練習，應該可以在幾分鐘之內，找出董督一生最不利的大運。

如未能掌握此一大法門，就得老老實實先畫出每個大運的簡單流盤①。

己干文曲化忌，剛好與本命巨門化忌同居命宮，雙忌坐命的大運當然諸事不順。再者，酉宮的對宮是卯宮，因卯宮無正曜而要借這組巨門文曲雙雙化忌的星系，令到命身宮群的六個宮位都會照到兩顆化忌。如果是「不借星派」，未宮（大運夫妻宮）和亥宮（大運福德宮）就不受雙化忌會照影響了。

董督於運內喪父，由是接管家族企業，不久即遇上嚴重財務困難，身心兩疲。最終轉危為安，董督亦被安排由商界轉入政壇。

大運父母宮吉凶交集，其凶者，紫微天相受巨門化忌文曲化忌與天梁化科所忌，是雙重的刑忌夾刑；其吉者紫微天相得魁鉞貴人夾，又會武曲化祿，主得父母或上司提拔，父在時父親

① 潘國森《斗數詳批蔣介石》，香港，心一堂，二〇一四，頁一二一至一五三。

交棒繼承家業，父歿後得新「上司」幫助渡過難關。唯雖得大助，亦受掣肘。

六運戊申（虛齡五十三至六十二）

戊干貪狼化祿、太陰化權、太陽化科、天機化忌。

董督命格原局正照太陰化祿，喜大運見祿。祿星會祿星，可以名利雙收（參見本書末〈附錄〉）。前運都無此際遇，此運命宮貪狼化祿，火貪格成，勃然而興，可謂大器晚成。

我們逐一回顧前運。

先由三運辛亥（巨門化祿、太陽化權、文曲化科、文昌化忌）說起，這是青年時期的所謂「出場運」，現代人是完成學業、投身社會的大運。辛干巨門化祿，可惜原局丁年生人巨門早已化忌，是為「祿衝忌」，再兼大運流祿同時入酉宮，便構成「巨門祿忌相衝」加「羊陀夾忌」雙重不良結構。酉宮值大運夫妻宮，又借入大運事業宮，可以推斷當事人在運內大受家務事困擾，以至影響工作。故雖有化祿亦不能起得正面作用。

四運庚戌（太陽化祿、武曲化權、天府化科、天同化忌），大運祿存落申宮值夫妻宮，太陽化祿落未宮值子女宮，命宮不見祿。

五運己酉，借會未宮太陰化祿，但是命宮巨門文曲雙化忌，見祿亦不起關鍵性作用。不過此運吉凶交集，喪父、家族生意遇上困難，到還清債務，是功成於垂敗的十年。

一九八九年己巳，董督虛齡五十有三，交六運戊申。終於遇上火貪格成，不過數年之間，由香港這個著名經濟大都會入面芸芸富商之中，不甚起眼的一員，搖身一變成為「改制後的港督」，可算是青雲直上了。

大運值「殺破狼」星系，必主轉變，火貪主突發。不過此運並非全吉。天機化忌落酉宮與巨門化忌同宮值父母宮，福德宮雙重「刑忌夾印」，主承受重大壓力，以天相星系為紫微天相而非天相獨坐，仍能安然渡過。因借星安宮的關係，天機巨門雙雙化忌的星系照遍六親宮位，一上場就飽受政敵攻擊。

一九九七年丁丑，董督虛齡六十有一，出任特區第一任行政長官。丁命戊運丁年，流年命宮值原局命宮，太陰雙化祿再化權太陽化科坐遷移宮，天同雙化權坐事業宮，巨門雙化忌天機雙化科再化忌坐財帛宮，共為兩重化祿、三重化權、三重化科、三重化忌齊會命宮，成為管治數百萬人經濟大都會的「一把手」。

三重化忌聚在流年財帛宮，因借星關係遍照命身宮群，三重化忌又夾流年子女宮，可說是闔府受壓！算是另類的「累及妻兒」了。

七運丁未（虛齡六十三至七十二）

丁干太陰化祿、天同化權、天機化科、巨門化忌。

董督統領香港的第三年交丁未運，巨門雙化忌在酉值福德宮，大運命宮太陰雙化祿，會天機雙化科巨門雙化忌而不見天同雙化權！由四化同會的命格，走祿科忌無權之運，其為權力受損之徵耶？

運內遇上「沙士」疫情，及各方政治勢力合流的「倒董運動」，運內以「健康理由」辭職，升任政協副主席。此運屬有成有敗。

巨門雙重化忌，有賴太陽光芒消解巨門之暗。尚幸太陽坐未宮，紫微斗數以午後未時太陽為喻，足以解暗。

八運丙午（虛齡七十三至八十二）

丙干天同化祿、天機化權、文昌化科、廉貞化忌。

大運武曲天府見祿存，守成之運。此宮本有天同化權太陰化陰左右夾輔，為「祿權夾」；丙午天同化祿，故又為「雙祿夾」；巳宮還有文昌化科，故又為「祿科夾」。故先前於行政長官任內雖然飽受抹黑、甚至咒詛，在其卸任以後，反而逐漸有更多港人認同其政策、懷念其付出！

時耶？命耶？

現行九運乙巳（虛齡八十三至九十二）

現行乙巳大運（天機化祿、天梁化權、紫微化府、太陰化忌），天同化權坐命，天同化氣為福，頤養天年享福之運。

太陰化祿再化忌在福德宮，借入財帛宮；巨門化忌坐事業宮；主事業財帛兩皆不利，這在退休者英來說，實是合情合理。少管俗務，自必然於事業財帛兩時未見重大作為了。

此造中老年有連續三個大運不利，三十年動蕩難免。

下文轉個話題，談談忌星追宮的有現象。

第五節　忌星緊追數十年

紫微斗數論命的特點，是任何人不論富貴、貧賤、吉凶、壽夭……命盤都有十四正曜、十四助曜、四化曜和各系雜曜。命格高低要看星曜組合，再加大運流年的四化和流曜組合。

有些命盤會出現凶星忌星狂追某些宮位幾十年不捨的情況。

有些命例是煞星與化忌窮追某宮不捨，如追大運命宮、追大運夫妻宮之類。

假如煞忌追命幾十年，一生就多經歷滯運，受制於時勢環境，難以發揮所長。

假如煞忌追夫妻宮幾十年，一生感情生活、婚姻生活就無著落處，或遇不上對照、或屢婚屢敗。

此外還有忌星長追陰宮或陽宮，董督此例便是忌星長追陰宮的實例。

丁生人，有巨門化忌在酉宮

三運辛亥，文昌化忌在巳宮值遷移宮，酉宮巨門化忌值夫妻宮。未宮值財帛宮，不會巳宮；卯宮值事業宮，不會巳宮；除此之外，大運命宮、夫妻宮、福德宮、遷移宮都會齊巨門文昌雙雙化忌。

四運庚戌，天同化忌在巳宮值疾厄宮，酉宮巨門化忌值兄弟宮。未宮值子女宮，不會巳宮；卯宮值友屬宮，不會巳宮；除此之外，大運父母宮、兄弟宮、田宅宮、疾厄宮都會齊巨門天同雙雙化忌。

五運己酉，文曲化忌在酉宮，與巨門化忌同值命宮。於是夫妻、福德、事業、財帛、遷移各宮皆會此巨門文曲雙雙化忌。

六運戊申，天機化忌在酉宮，與巨門化忌同值父母宮。於是兄弟、子女、友屬、田宅、疾厄各宮皆會此天機巨門雙雙化忌。

七運丁未，巨門雙化忌在酉宮值福德宮。於是命宮、夫妻宮、事業宮、財帛宮、遷移宮皆會此巨門雙化忌。

原來十干四化入面，有五干化忌屬日月系：

甲干太陽化忌

乙干太陰化忌

丁干巨門化忌

戊干天機化忌

庚干天同化忌

如果文昌文曲都落在日月系的宮位，那麼「己干文曲化忌」和「辛干文昌化忌」加進去，就是十干佔了七干之多。

於是董督由三運辛亥、四運庚戌、五運己酉、六運戊申、六運丁未，五大運共半個世紀都是雙化忌影響陰宮。

餘下三干化干忌屬紫府系：

丙干廉貞化忌

壬干武曲化忌

癸干破軍化忌

這在董督的命例是：

初運癸丑，貪狼化忌與巨門化忌不會。

二運壬子，武曲化忌與巨門化忌不會。

八運丙午，廉貞化忌與巨門化忌不會。

八運以後，又再回覆雙化忌照射陰宮。

九運乙巳，太陰化忌在未值福德宮，巨門化忌值事業宮。

十運甲辰，太陽化忌在未值田宅宮，巨門化忌值友屬宮。

這裡舉了凶曜窮追某些宮位的實例，當然也有吉曜窮追某些宮位的情況，讀者掌握了大運流年飛星的法門，多看命盤，當可心領神會。

第六節　追蹤董督酉年流年

董督命盤的酉宮值財帛宮，有坐天機巨門化忌，會照鈴星陀羅。

前面提到，由三運辛亥到七運丁未，五個大運都是兩重化忌照射陰宮，如果再逢酉年，又有可能再疊上化忌星了。

五陰干的化忌，因文昌文曲與日月系正曜同宮，於是四組陰干都是雙化忌照射日月系：

乙干太陰化忌

丁干巨門化忌

己干文曲化忌

辛干文昌化忌

癸干貪狼化忌

此下審視每個酉年。

一九四五年乙酉，虛齡九歲，在初運癸丑。大運貪狼化忌，流年太陰化忌。三重化忌分散。

一九五七年丁酉，虛齡二十一，在二運壬子。大運武曲化忌，流年巨門再化忌。三重化忌分散。

一九六九年己酉，虛齡三十三，在四運庚戌。大運文曲化忌，流年天同化忌。巨門化忌文曲化忌在流年命宮，天同化忌在流年財帛宮。

一九八一年辛酉，虛齡四十五，在五運己酉。大運文昌化忌，流年文曲化忌。巨門化忌文曲化忌在流年命宮，文昌化忌在流年財帛宮。

一九九三年癸酉，虛齡五十七，在六運戊申。大運天機化忌，流年貪狼化忌。三重化忌分散。

二〇〇五年乙酉，虛齡六十九，在七運丁未。大運巨門再化忌，流年太陰化忌。是年董督以健康理由辭任行政長官之職。

二〇一七年丁酉，虛齡八十一，在八運丙午。大運廉貞化忌，流年巨門再化忌。三重化忌分散。

二〇二九年己酉，虛齡九十三，在十運甲辰。大運太陽化忌，流年文曲化忌。巨門化忌文曲化忌在流年命宮，太陽化忌在流年夫妻宮。

第七節　大運流年文星化忌

紫微斗數的四化星有特別規律，十四正曜中只天相七殺無曜無四化，其餘十二正曜都有。助曜只有文昌文曲對星有化科和化忌。

問題又來了：文昌文曲之化科化忌，是命盤的文昌文曲去化，還是大運流年的流文昌流文曲去化呢？

紫微斗數命盤的文昌文曲，由生時佈置。

子時文曲在辰，逐時順行，丑時在巳、寅時在午……至亥時在卯。

子時文昌在戌，逐時逆行，丑時在酉、寅時在申……至亥時在亥。

大運流年的流文昌、流文曲，則按十天干佈星。

流文昌起例：

甲蛇乙馬報君知，

丙戊申宮丁己雞。

庚豬辛鼠壬逢虎，

癸人現兔步雲梯。①

流文曲起例：

甲雞乙猴四墓空，

丙馬丁蛇戊己同。

庚兔疾馳辛虎逐，

壬鼠癸豬水鄉逢。②

涉及文昌文曲的化科化忌共三干：

丙干文昌化科。

---

① 《紫微斗數捷覽（明刊孤本）附 點校本》，香港，心一堂，二〇一六，頁三〇。

② 潘國森《潘國森斗數教程（一）入門篇》，香港，心一堂，二〇一六，頁一八四。

己干文曲化忌。

辛干文曲化科、文昌化忌。

如果大運流年遇上丙、己、辛干，以大運流年的流文昌、流文曲去化科化忌，就會造成千遍一律的結果！

丙干文昌化忌，流文昌坐申宮。

遇上丙申（二〇一六、一九五六……）流年，若以申宮的流文昌化科，豈不是這一年所有人都文昌化科？

遇上己巳（二〇四九、一九八九……）流年，若以巳宮的流文曲化忌，豈不是這一年所有人都因文書失誤而破財、甚或被騙？

又如己亥（二〇一九、一九五九……）流年，若以巳宮的流文曲化忌，豈不是這一年所有人都見遷移宮有忌星？

再如今年辛丑（二〇二一、一九六一……）流年，若以子宮流文昌化忌、寅宮流文曲化科，豈不是所有人都是文曲化科坐父母宮、文昌化忌坐兄弟宮？

寧有是理？

於是，我們的結論是大運流年的昌曲化科化忌，只由命盤由生時起的文昌文曲參加四化，大運流年的流文昌流文曲則不化。

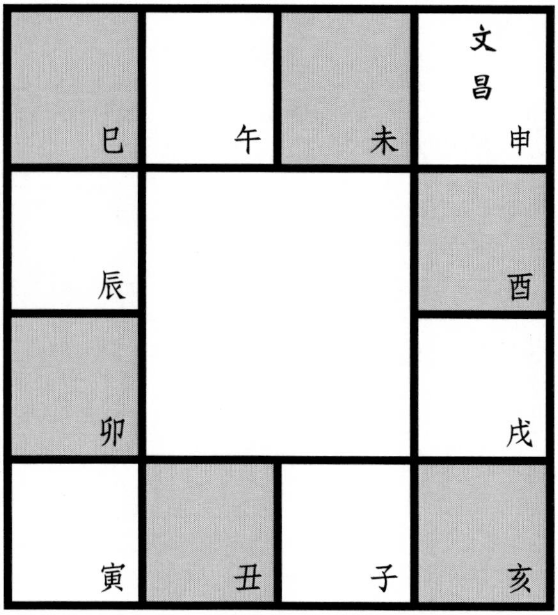

圖表十三：丙干流文昌在申宮

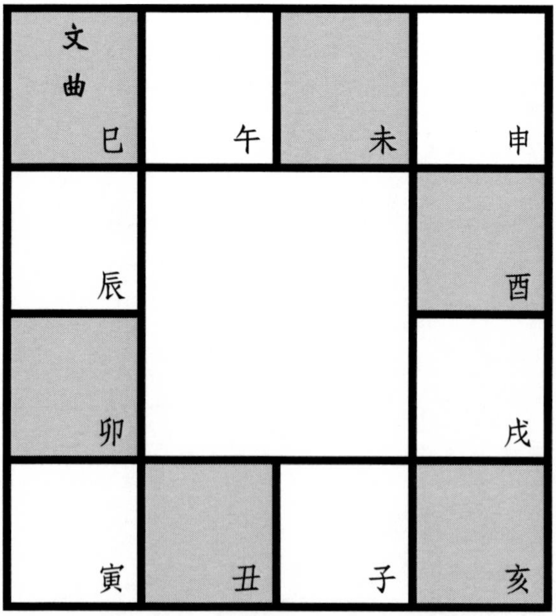

圖表十四：己干流文曲在巳宮

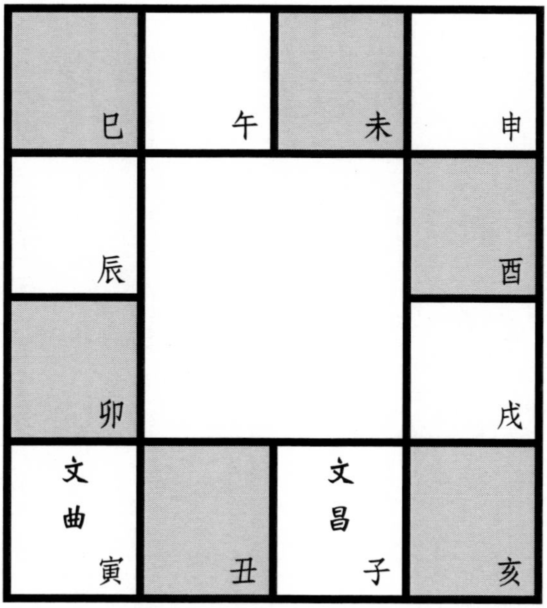

圖表十五：辛干流文昌在子宮、流文曲在寅宮

第八節　追蹤鄭督酉年流年

此下審視鄭督每個酉年流年，所有飛星圖從略，作為給讀者的習作。

一九五七年丁酉，虛齡一歲，未上運。流年命宮值本命命宮①，不在酉宮。按紫微斗數起例，所有人出生的當年，都是有兩套四化，本命一套、流年一套，在鄭督都是丁干。流年命宮天府在酉，太陰雙化祿在父母宮，天同雙化權天梁在友屬宮，天機雙化科在子女宮，巨門雙化忌在田宅宮。

一九六九年己酉，虛齡十三，在初運庚戌。大運天同化忌坐寅宮，為流年友屬宮。流年文曲化忌在亥宮，為流年福德宮。陽宮中，巨門在子宮化忌，天同在寅宮化忌。陰宮方面，天相在丑宮，被天同化忌與巨門化忌相夾，為「刑忌夾印」兼「雙忌夾」。亥宮廉貞貪狼星系有文曲化忌同宮，借會到巳宮。於是流年命宮酉宮，會照文曲化忌和雙重凶夾的天相。

一九八一年辛酉，虛齡二十五，在三運壬子。大運武曲化忌坐卯宮，為流年遷移宮。流年文昌化忌坐卯宮，為流年遷移宮。於是流年命宮酉宮，有武曲文昌兩點化忌正照，會照「刑忌

①「斗數算童限訣為：『一命二財三疾厄，四歲夫妻五福德。』」。見潘國森《斗數詳批蔣介石》，香港，心一堂，二〇一四，頁三八。

夾印」的天相。

一九九三年癸酉，虛齡三十七，在四運癸丑。大運流年皆為貪狼化忌在亥宮，為流年福德宮，經借星安宮後，此貪狼雙化忌會照命宮。

二〇〇五年乙酉，虛齡四十九，在五運壬子。大運再遇武曲化忌坐卯宮，為流年遷移宮。流年太陰化忌坐戌宮，為流年父母宮，不會照流年命宮。流年命宮會武曲化忌與原局的刑忌夾印。

二〇一七年丁酉，虛齡六十一，在六運癸卯。流年命宮會照貪狼化忌與兩重的「刑忌夾印」。

將來二〇二九年己酉，虛齡七九三，在七運甲辰。讀者可自行計算會照到流年命宮的忌星。

前文一再強調，紫微斗數命盤和八子格局，可以提供不盡相同的信息。如鄭督命帶酉酉自刑，初步可以斷定凡酉年都合為三酉，加重自刑的影響。

如果看斗數盤，酉年流年所值的天府宮位，雖有百官朝拱，亦會巳宮「空劫夾」的鈴陀同宮，又借入廉貞、貪狼和文曲三顆有可能分忌的星曜，這個酉宮的星系實是吉凶又集。

聰明的讀者如果能夠舉一反三，參考筆者在本書和過去舊作的介紹，便知鄭督運行子丑寅卯四宮，十年武曲化忌後，接十年貪狼化忌，又重覆見到武曲貪狼輪流化忌，再加早運辛亥見文昌化忌，於是陰宮紫府星系便連續五個大運都會上大運化忌星！

行壬子癸卯壬寅癸丑四運，吉則再吉，凶則又凶。人生遇此，反差便大了。

剛巧鄭督的命盤配置得宜，吉星盡其所用，紫微、天府、天相三曜都會上百官朝拱，由是不畏忌星窮追五十年！

可見「好命」必自有其鎮伏凶曜的機理。

第九節　大運順逆之規律

紫微斗數實務推算有許多竅門，明確說出來好像「一文不值」，不公開講則有許多朋友鑽研多年都不知。

例如連不懂算斗數、或沒有讓人家幫他算過斗數的人，都聽過「殺破狼」。接觸過斗數的人，大多知道七殺、破軍、貪狼三曜永遠在三合宮相會。筆者曾經對學過斗數很多年的朋友指出，除了「殺破狼」之外，「紫廉武」三曜也是永遠在三合宮相會。初聆此說的朋友竟然感到非常詫異！原來這位朋友讀了大量斗數書籍，上過不少斗數班，卻從未有人告知紫微、廉貞、武曲三曜永遠相會一事。

我們先後約略看過鄭督和董督的大運，鄭督是陰女大運順行，董督是陰男大運逆行，他們大運經行的宮位就不同了。

陽男陰女大運次序如下：

初運以命宮為大運命宮。

二運是「父母宮大運」。

三運是「福德宮大運」。

四運是「田宅宮大運」。

五運是「事業宮大運」。

六運是「友屬宮大運」。

七運是「遷移宮大運」。

陰男陽女大運次序如下：

初運仍是以命宮為大運命宮。

二運是「兄弟宮大運」。

三運是「夫妻宮大運」。

四運是「子女宮大運」。

五運是「財帛宮大運」。

六運是「疾厄宮大運」。

七運是「遷移宮大運」。

所謂「打破十二宮」，其中一個實際應用，就是找出命盤上特佳或特劣的宮位，再看看大運何時經行此宮，而宮干會加強還是減弱其吉凶性質。

讀者都知道，命宮喜得吉星夾，忌受凶星夾。

夾命宮的兩宮分別是父母宮和兄弟宮，如果這兩宮有吉星夾，則不論大運順行逆行，第二個大運都有吉星同宮。反過來說，凶星夾的話，第二個大運便有凶星同宮。

如果是「科權夾命」，第二大運就行「科星運」或「權星運」了。

如果是「火鈴夾」，第二大運就有火星或鈴星同宮，如果命宮正曜星系大忌火鈴，就在青年時期遇上劣運了。

願讀者能舉一反三。

第四章　疑似董督八字——從兒格

第一節　五行、十神與干支刑衝會合

董督八字是：丁丑年、丙午月、乙未日、辛巳時（參見本書末〈附錄〉）。

第一層次的五行組合，是：

無水。

一木：乙日。

四火：丁年、丙午月、巳時。

兩土：丑年、未日。

一金：辛時。

同類（生我、同我）只有一木，其餘七字都是異類（我生、我剋、剋我）。比例是一比七，肯定身弱。

第二層的五行數量，支中藏干亦要計算在內。總計董督八字，於日干之外，十神的數量分別為：

無正印，一偏印。
一比肩，無劫財。
三食神，兩傷官。
一正財，三偏財。
一正官，兩七殺。

印比的同類，合共只有兩位。剋泄耗的異類，多達十二位。比例是二比十二，也是肯定身弱。

董督與鄭督是「夏木」的命，比起鄭督的八字，董督的身元弱得多。

董督八字的天干依次是：

年：丁
月：丙
日：乙
時：辛

天干丙辛合。

天干有衝。辛時與乙日為金木相衝、東西相衝。時干剋日干，兩干相鄰，就近衝剋。

天干還有同性相剋，丁年剋辛時，不過中間隔了丙月、乙日，是遙剋。

董督八字的地支依次是：

年：丑

月：午

日：未

時：巳

丑年與未日為六衝，中隔午月，稍為緩解衝力。巳時、午月、未日，合巳午未南方一氣，又稱為「三會火」。天干乙日辛時相衝，因地支沒有同時六衝，所以並不嚴重。古訣云：

天戰猶自可，地戰急如火。①

由四柱組合看，董督人生相對平穩，沒有遇上大波折、大災厄。

第二節　乙木生於午月之取用

董督的八字是乙木日元生於仲夏午月，第一層的分析討論是「夏月之木」：

① 《滴天髓闡微——附李雨田命理初學捷徑》，香港，心一堂，二〇一三，頁四一五。

夏月之木，根乾葉燥，盤而且直，屈而能伸。

欲得水盛而成滋潤之力，誠不可少。

切忌火旺而招焚化之憂，故以為凶。

土宜在薄，不可厚重，厚則反為災咎。

惡金在多，不可欠缺，缺則不能琢削。

重重見木，徒以成林；疊疊逢華，終無結果。①

此下按這段分析去逐一研究董督的八字，得出以下結論：

（一）水：水不盛，只有一點癸水藏在丑年。

（二）火：地支有巳午未三會火，而且丙丁透干，多達五點火，火旺之極，有「焚化之憂」。

（三）土：地支兩火兩土。唯是巳火為戊土祿位、午火為己土祿位，再加丑未都藏己土，此造土甚厚重。

（四）金：除辛時之外，巳時為庚金長生之位。不過地支巳午未三會，巳中丙火透出，巳時作為丙火祿位遠遠超過庚金長生之力。金不多，只是有。

（五）木：乙木日元，未日中藏一乙，木亦不重。

① 徐樂吾《窮通寶鑑評註　附　增補月談賦　四書子平》，香港，心一堂，二〇一五，頁一〇。

縱合而論，董督的八字火旺土重，初步可認為「凶」而且「災咎」。單以日干五行在四時生旺取用，取的是「扶抑用神」，強者抑之，弱者扶之還得考量十干在十二月令不同五行旺氣的組如，這是「調候用神」。乙月午月的取用是：

五月乙木，丁火司權，禾稼俱旱。

上半月屬陽，仍用癸水。

下半月屬陽，三伏生寒，丙癸齊用。

柱多金水，丙火為先。

餘用癸水為先。①

「五月」在此指仲夏建午之月②，開始於芒種節（約在公曆六月上旬），經夏至（六月下旬），而終結於小暑節（七月上旬）未到前的一刻。

這裡的「上半月」和「下半月」也是以節氣定義，不是初一至十五為上半、十六以後為下半。由芒種至夏至的一刻前，屬建午之月的上半月；夏至至小暑前，則屬下半月。

董督生在一九三七年小暑日的早上，但是當天晚上才正式交小暑，未交小暑就屬午月的下

① 《窮通寶鑑評註 附 增補月談賦 四書子平》，香港，心一堂，二〇一五，頁五七。
② 潘國森《金庸命格淺析——斗數子平合參初探》，香港，心一堂，二〇一九，頁六五。

半月了。下半月丙癸齊用，不過柱多金水才以丙火為先。金水不多，仍一律用癸水為先。

此造八字丙癸俱備，就是有作為的佳命。

丙火透月，通根巳日，地支巳午未三會火，丙火非常有力。

癸水不透，僅靠丑中一點癸水餘氣。

全局火極多，丑為濕土，中藏癸水「調候用神」，又值年支，一生功業，都與家族有關。因為癸水不透干，反喜其丑未相衝，衝開七殺庫，辛金透干有力，癸水藏而得用。

如以十神論，丙為傷官、癸為偏印，命主最喜偏印，傷官次之。

比較董督和鄭督的八字，都是乙木日元，一在巳月、一在午月，都是炎夏火旺之時，兩者都以用癸水「調候用神」為先。董督的癸水在藏在年支餘氣，主得力於家族出身。鄭督的癸水浮在時干，入北方運癸水通根，始得大器晚成，富貴不由父蔭也。

第三節　按十神定格局

前文提過，以十神取定格局，可以有只取一格，或可取多於一格的兩派方法。

此下先談多格。

（一）地支巳午未三會火，乙木以火為食神傷官，丙丁出干而分別通根於巳午祿旺，是為食神傷官的混合格，按「食多同傷」的原則，丙丁火五見（天干丙丁、地支巳午未），是混雜的「傷官格」。

（二）地支巳午未三會火，干又透丙丁，不過地支還有丑土在年，巳午未都藏土，便是戊己四見於地支。土寄祿於火，戊祿在巳、己祿在午，丑未都為己土本氣。所以也成為財格，花是一正三偏，按「正多同偏」的原則，是混雜的偏財格。

（三）還有一組天透地藏，年上丑土是辛金墓庫，辛金又透在時干，可以構成「七殺格」。

三格之中，以「傷官格」為主，「偏財格」為副，七殺格為又副。

如果單取一格，則是「從兒格」或「傷官生財格」。

《滴天髓》〈順局〉有謂：

一出門來只見兒，吾兒成氣構門閭。從兒不論身強弱，只要吾兒又得兒。①

「兒」指食神傷官。以五行論，日元比肩劫財，能生食神傷官。

「兒」的「兒」是正財偏財。食神傷官，能生正財偏財。

這個八字乙木日元，屬於身弱。地支食神傷官、正財偏財皆多。格成從兒，人必聰明而且

---

① 《滴天髓闡微——附李雨田命理初學捷徑》，香港，心一堂，二〇一三，頁三九七。

可得富貴。①

此「從兒格」忌印運（木日元以水為印）、官運（木日元以金為官）。可是「從兒格」的理論基礎是取「扶抑用神」，上一節談「調候用神」時，結論是乙日生於午月，要用癸水偏印調候。於是乎「扶抑用神」與「調候用神」就有衝突了！

本造於虛齡五十一歲入五運辛丑，氣轉北方，此後印運反而篤定出任新成立特區的第一任行政長官！

第四節　據四柱及行運轉換格局

本造前三柱主要成「從兒格」。

年干運丁火食神，一歲至八歲家運不俗。

年支運丑土偏財，九至十六歲家運大幅改善。以偏財為父，父星得地之故。

月干運丙火傷官，十七至二十四歲。傷官運秀氣流行，聰明出眾，適逢遇流學時期。

月支運午火食神，二十五至三十二歲。食神生財，出場順利。

日支運未土偏財，三十三至四十八歲。以偏財為妻，又藏乙木比肩、丁火食神，比生食、

① 《滴天髓闡微——附李雨田命理初學捷徑》，香港，心一堂，二〇一三，頁四〇三。

食生財。經云：「何知其人富，財氣通門戶。」①

虛齡四十九以後，行八年時干運，辛金七殺透干，通根於丑年，成為「七殺格」。隨後入北方運而水旺，變為「殺印相生」，由是「化殺為權」，遂由商界轉入政界。

不過「殺印相生格」，與「從兒格」並不協調。由是產生出特別的具體情況：其在從商時雖然一度遇上經營困難，終能得「貴人」扶持，走出困局；從政後則受到政敵如排山倒海般的攻擊，絕不似從商時的平安日子。

第五節　神煞

董督命帶重重貴人。

生於午月，「月德貴人」為丙、「月德合」為辛，丙火在月、辛金在年。乙日「文昌貴人」在午，正值月支。共是三貴人。文昌主人聰明：

經云：文昌入命，聰明過人。又主逢凶化吉。②

① 《滴天髓闡微——附李雨田命理初學捷徑》，香港，心一堂，二〇一三，頁三〇二。
② 袁樹珊《新命理探原》，香港，心一堂，二〇一四，頁一三〇。

近幾十年香港社會普遍不講禮數，董督給「政敵」（或至少是不喜歡他而對人不對事的群眾）給他起了貶義的渾名，說他為人甚「懵」。筆者的看法是董督口齒不夠伶俐，這可能跟他不是廣東人有關，他日常說粵語遠不及講普通話流暢。他還是留學放洋渴鹹水的「番書仔」，英語口語也比粵語流利！這剛好與港英時代幾位貴女相反，她們是英語流利而粵語結結巴巴，當時她們以日常多以英語為思考語言媒介之故，講語粵反而生熟拙劣。

董督還是「三奇命」。

《淵海子平》云：「天上三奇甲戊庚。地下三奇乙丙丁。人中三奇壬癸辛。」

……

《三命通會》云：「凡命遇三奇，主人精華異常，襟懷卓越，好奇尚大，博學多能。帶天乙貴人者，勳業超群。帶天月二德者，凶災消散。帶三合入局者，國家良臣。帶空亡生旺者，山林隱士，富貴不淫，威武不屈。誠上格也。」[1]

丁年丙月乙日，故為合「地下三奇」的「上格」。

常有朋友問紫微斗數和子平差異。

最大的差異可說是所有人的斗數命盤都是那些星，不論富貴貧賤賢愚壽夭，人人都有紫微

---

[1] 袁樹珊《新命理探原》，香港，心一堂，二〇一四，頁九三。

天府、七殺破軍。格局高低成敗，就要講究吉星凶曜的配合了。

子平不是人人都有吉神，也不是人人都五行兼備。

因此，斗數命盤和四柱八字就各有特色。有些細節，在斗數卻盤可以準備看得出；另一些細節則是八字來得明顯。

第六節　大運簡述

如果以身強身弱論，則木火「從兒格」用「扶抑用神」為主，行木運、火運、土運皆宜；不喜金運與水運。

從兒格最忌印運，次忌官運。①

據此，三十一歲後五年癸水偏印運、四十一歲後五年壬水正印運，五十一歲後辛金七殺運、六十一歲後五年庚金正官運，六十六歲之後五年子水偏印運，七十六歲後五年亥水正印運等等，都屬不利。

但是以乙生午月論，則「調候用神」首重癸水，次重丙火。三十一歲之後五年癸水偏印

① 《滴天髓闡微——附李雨田命理初學捷徑》，香港，心一堂，二〇一三，頁三九八。

運、五十六歲之後五年丑土中癸水偏印餘氣運、六十六歲之後五年子水偏印運，等屬好運。

綜合而言，五運辛丑，辛丑與辛巳時拱酉，購成巳酉丑三合金局，七殺格成。原局丙火傷官、丁火食神皆透出天干，便為「食神制殺」。

身弱本來不能任財官，但是乙木的特性有「懷丁抱丙，跨鳳乘猴」，由於丙丁出干，力足制殺為用。論其火，巳午未三會火，干透丙丁；論其金，巳酉丑三合金，干透兩辛。勢均力敵，遂成為「治港」的重要成員。

如不用同干拱出三合的辦法，不承認此運拱出巳酉丑三合，就無從說起其由商入政、執掌權柄的際遇了。

六運庚子，第一年一九九七年丁丑，董督出任「行政長官」，不過新職其實取決於辛丑運。庚運正官出干，與辛時構成「官殺混雜」，權力受損。剛履新即收內外夾攻，其為「扶抑用神」與「調候用神」反背之徵歟？子運鞠躬落台，過後香港人才如夢初醒，較多懷念這位以「好好先生」形象見稱的方面大員了。

二〇〇五年乙酉，宣佈辭任「區長」一職，即時被任命為「中國人民政治協商會議全國委員會」副主席，連任至今。實為中央政府肯定其七年工作成果之明證。

現行戊戌大運，二〇二四年甲辰恐有「小苦」，謹願「董督大人」善自攝生，福壽康寧！

第五章　疑似曾督命格——科權夾忌

第一節　太陽主星「幽徵」坐命

曾督生於一九四四年甲申，疑似命盤為太陽化忌在巳宮安命（參見本書末〈附錄〉）。巳宮名「幽徵」，主為人高氣傲，鋒鋩太露，為祿厚權高、功名顯達之士。①

這個太陽在巳宮的基本盤，以紫微天府坐申宮，十二宮皆有正曜，故無須借星安宮，這樣就不涉及借星與不借星的爭議了。

太陽化忌在巳宮安命，對宮遷移宮亥宮必坐巨門，事業宮在酉宮坐太陰，財帛宮在丑宮坐天梁。其餘吉凶助曜有左輔、天魁與陀羅。

先談吉格：

（一）日生人以太陽為中天主星，太陽在巳宮乘旺，可以先貴後富。

（二）「科權夾命」，前一宮父母宮坐破軍化權，後一宮兄弟宮坐武曲化科。古訣云：

---

① 陸斌兆《紫微斗書講義》〈太陽星〉。

夾權夾科世所宜。①

再談及凶格：

正曜為太陽主星而六吉星不成對，會天魁不會天鉞，會左輔不會右弼。單星兩見，輔助之力不足，為「主星少輔」的不利結構，雖不利而亦不算極凶。

在此重溫一下六吉在某宮的所有組合。

（一）一對六吉。（財帛宮天梁會天魁天鉞；疾厄宮廉貞天相、子女宮七殺會文昌文曲）

（二）兩對六吉。（福德宮天機會天魁天鉞、左輔右弼）

（三）三對六吉。（本命例無）

（四）一顆單星。（父母宮破軍、友屬宮貪狼單見文昌；田宅宮、兄弟宮武曲單星文曲）

（五）兩顆單星。（曾督命宮則屬此例、事業宮太陰亦然）。

（六）三顆單星。（本命例無）

（七）一對一單。（夫妻宮天同會左輔右弼，加天鉞單星。遷移宮巨門亦然）

（八）一對兩單。（本命例無）

（九）兩對一單。（本命例無）

①《紫微斗數全書（明末清初木刻真本）》，香港，心一堂，二〇一七，頁四二。

紫微斗數論命，不論何宮何星系，見六吉星單星都有毛病，只是問題是大是小而已，應以煞忌星輕重判斷。例如剛好左輔天魁文昌三陽星，星系性質轉為陽亢；右弼天鉞文曲三陰星，則轉為陰偏。

讀者可以此規律，回頭去審視前文鄭督和董督的十二宮。

曾督命格還有「忌化相衝」。四煞之中，以陀羅化氣為「忌」，凡命宮三方四正會齊化忌與陀羅，即屬此格。主運勢常見困難阻滯。因陀羅與化忌之外，命宮太陽不再會其餘三煞與空劫，算是破壞力較輕的「忌化相衝」了。

第二節　命身福德合參

筆者在過去的拙著中，多次強調當今不少論者沒有重視身宮的影響，此下再三宮合參。

曾督身宮為天梁坐丑宮，值財帛宮，故一生順逆常與財運相關。天梁主貴不主富，不過凡天梁坐命宮者，必以太陰坐財帛宮。故此天梁的富格，實以太陰坐財帛宮成格為主因。

天梁在丑宮，會巳宮太陽、酉宮太陰，亦屬「日月並明」，相傳孔子的命格即是天梁坐丑宮。不過天梁坐命，與天梁安身完全不一樣。

丑宮天梁在命，以巳宮太陽坐事業宮，酉宮太陰坐財帛宮。太陽為事業宮主星，太陰為財帛宮主星，日月皆落強宮。丑宮天梁在身，便無此優勢。

曾督身宮天梁見「坐貴向貴」，再加龍池鳳閣夾，與四善同會，即天官、天福、天才、天壽，可惜不是天梁主星，故力量不夠。

曾督是少輔之主星坐命，身宮有輔，卻非主星。身宮略優於命宮，後天際遇勝於先天基礎。天梁守身亦可以近貴。

曾督命盤真正諸吉雲集的是福德宮。會左輔右弼、天魁天鉞，又得文昌文曲夾，間接得文昌文曲之助。六吉雲集之外，雜曜又有三台八座、恩光天貴、紅鸞天喜，合「百官朝拱」格。不過天機獨坐本來不需要百官朝拱，況且天機坐丑未宮對照天梁於天機來說是為弱宮，可說是「浪費」了「百官朝拱」的氣勢。

凶曜方面，有羊陀照射、空劫照射、孤辰寡宿，亦屬吉凶交集。

綜合而言，仍是福大命大的幸運兒，不過既是「吉處藏凶」、「凶處藏吉」。在人生重要關頭的個人抉擇，就更有可能產生極大的反差了。

第三節　餘宮吉凶組合略述

命宮有化權化科兩吉化相夾，當然有其吉利之處。不過再深一層分析，還需看正曜為何。

父母宮坐破軍為惡曜[1]，基本性質為關係疏離，與父母、與上司皆然。破軍化權對照廉貞化祿與祿存，又為雙祿交流，且破軍之剛剋可以大減。而火鈴同會，以破軍忌煞重之故，便多突發之劇變。破軍與文星氣質不投，又坐文昌單星，性質更劣。

兄弟宮坐武曲為惡曜[2]，一般主兄弟姊妹不和，與平輩朋友關係亦不佳。但是武曲化科又會廉貞化祿，一點陀羅為煞輕。故轉為關係和睦，只見文曲單星，雖平輩亦多俊彥，但助力不足。

夫妻宮坐天同為惡曜[3]，而所謂「惡」，實以舊社會獨特的制度與風俗影響所致。天同主白手興家，現代社會多自由戀愛，少父母之命、媒妁之言。見對星單見（左輔右弼加天鉞），僅主容易有第三者。到了二十世紀下半葉的香港，已無大礙。曾督身宮坐天喜對紅鸞，可以早婚。

子女宮坐七殺亦為惡曜[4]，星系為「七殺仰斗」，見祿存天馬文昌文曲、火星鈴星。因七殺

---

① 潘國森《紫微斗數登堂心得：三星秘訣篇——潘國森斗數教程（二）》，香港，心一堂，頁二〇三。
② 潘國森《紫微斗數登堂心得：三星秘訣篇——潘國森斗數教程（二）》，香港，心一堂，頁二〇三。
③ 潘國森《紫微斗數登堂心得：三星秘訣篇——潘國森斗數教程（二）》，香港，心一堂，頁二〇三。
④ 潘國森《紫微斗數登堂心得：三星秘訣篇——潘國森斗數教程（二）》，香港，心一堂，頁二〇三。

畏羊陀不畏火鈴，故仍主子女及門人弟子秀發。唯是助力不大。由此例可知正曜與四煞配合之影響。

友屬宮坐貪狼可善可惡①，會化權化科，又成火貪鈴貪，可得下屬助力，亦主交遊闊。

第四節　大運簡述

上文指出天機對天梁的星系得「百官朝拱」為浪費，僅以命盤性質而言。因曾督為太陽主星坐命，大運遇「百官朝拱」便可補救。陽男陰女大運順行，三運辛未便是「百官朝拱」運。如果這個命造是陰男陽女大運逆行，才是真真正正的「浪費」了「百官朝拱」。

命宮星系為主星欠百官，走百官朝拱大運可勃然而興。

先前二運庚午（太陽化祿、武曲化權、天府化科、天同化忌），破軍化權照廉貞化祿，火鈴同會，主劇變。大運田宅宮太陰，會太陽化忌、天同化忌。據資料顯示，曾督以家庭經濟原因，放棄升學，投身社會。「雙祿交流」之吉，僅在於財運大為改善。

---

① 潘國森《紫微斗數登堂心得：三星秘訣篇——潘國森斗數教程（二）》，香港，心一堂，頁二〇三。

三運辛未（巨門化祿、太陽化忌、文曲化科、文昌化忌），天機會巨門化祿及六吉雲集，得貴人提拔。加入港英政府之後，轉入政務職系，成為日後逐步進入治港權力核心之始源。

四運壬申（天梁化祿、紫微化權、天府化科、武曲化忌），大運命紫微化權天府化科，會廉貞化祿、武曲化科再化忌，為生平第一個「祿權科會」之大運，主星守命者喜之。大運亦雙祿交流，進財更多。武曲忌科相衝，主當事人感到錢不夠花。其為後運惹禍之根苗歟？

五運癸酉（破軍化祿、巨門化權、太陰化科、貪狼化忌），大運太陰化科，連續兩個化科運，主名譽日增。證諸事實，則官位步步高陞，少不免於各種傳媒頻頻曝光，為市民所知。又多番出任「親民官」，交遊必廣。

六運甲戌（廉貞化祿、破軍化權、武曲化科、太陽化忌），大運貪狼得祿，鈴貪格成，主突發。遂於運內最後一年（二〇〇五年乙酉）貴為香港特區之長。

七運乙亥（天機化祿、天梁化權、紫微化科、太陰化忌），巨門會太陽化忌。巨門必須太陽光芒解暗，原局的太陽化忌受到大運夫妻宮的太陰化忌拖累，於是化解巨門之暗顯得乏力。（參見本書末〈附錄〉）大運福德宮尤其值得注意！原局的好處，主要來自福德宮。大運命宮不及原局命宮，大運福德宮亦不如原局福德宮，故此運實為一步弱運。前運最後一年陞職，隨即轉入大為退步之運，真讓學命理者概嘆命運之安排。塞翁失馬，焉知非福？塞翁得馬，焉知非禍？

福德宮盛極而衰，由未宮天機會百官朝拱，經行丑宮天梁化權對天機化祿而會日月皆化忌之運。諸般煩惱，皆隨權祿而來，幸運不再，凡事本宜退讓三分。命宮巨門，則有難言之隱。大運夫妻宮亦遜於原局，則滯運恐亦與配偶互為影響。

現行八運丙子，大運廉貞化忌衝化祿，廉貞化氣為囚，大運祿忌衝，比單單化忌更劣。因前運擔任公職帶來之後遺症，入運後不久即一度失去自由，名利皆損。

綜合前運，若類似格局在未入乙亥運時「問前程」，則必勸以「急流勇退」為妙。可惜權祿就在眼前，唾手口得，人家以為時運到，又有幾人能拒抗高陞？「一把手」之任期屆滿後，即因任內涉嫌違規而招惹官非。

第五節　對星齊化忌

紫微斗數論命頗重對星互為影響，曾督在乙亥大運遇上日月皆化忌，凡對星齊化忌，會上的宮位皆非得運之時。

大運遇此，只有兩種情況，即甲年生人經行乙干大運，及乙年生人經行甲干大運。

其他可以雙雙化忌的對星，還有廉貞（丙干化忌）貪狼（癸干化忌）、文昌（辛干化忌）

文曲（己干化忌）。

正所謂無巧不成話。四位區長剛好第一位董督和第四位鄭督是丁年生人，第二位曾督和第三位梁督都是甲年生人。

甲干太陽化忌，丁干巨門化忌。太陽巨門雖然不是對星關係，但是兩正曜的關係亦甚為密切，凡遇上這兩正曜都化忌，基本性質就是「海量」的是非口舌。

董督為丁年生人，甲干大運遲到九旬以後的退休已久的年齡，對於實際人生影響不大。

曾督為甲年生人，丁干大運亦在八旬以後，亦不影響事業與工作。

梁督為甲年生人，第一個丁干大運在六旬以後，此時已完成區長的任期。二〇二一年辛丑，仍在此丁丑運中。以其命格，第二個丁干大運還在等他呢！

鄭督為丁年生人，甲干大運在六旬以後，正值第一任任期的後半，而且甲辰大運命宮坐太陽化忌會巨門化忌（見第一章）。故此受到的攻擊和是非，為四位區長之最！交入二〇二〇年庚子，真「恍如隔世」！

此節所舉例子，只是一般通則。願讀者舉一反三，延伸到其他化曜交涉的特別「韻律」。

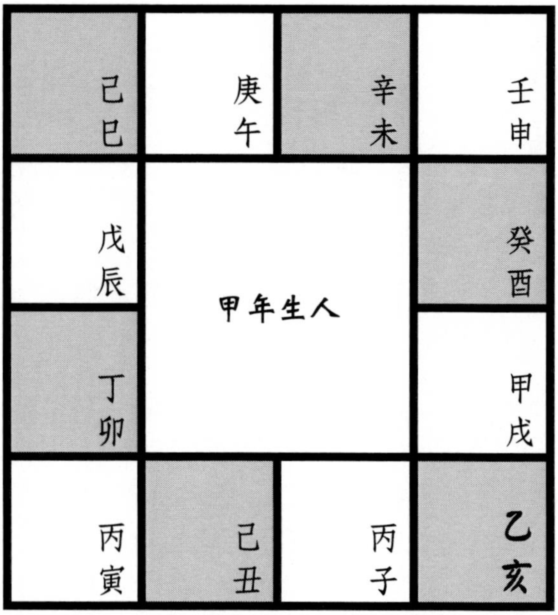

圖表一：大運日月皆化忌——甲年生人乙亥大運

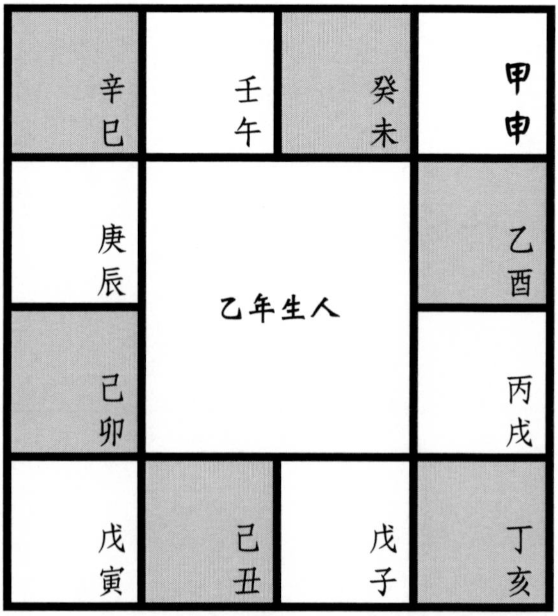

圖表二：大運日月皆化忌——乙年生人甲申大運

癸巳	甲午	乙未	丙申
壬辰			丁酉
辛卯	**丙年生人**		戊戌
庚寅	辛丑	庚子	己亥

圖表三：大運貪廉皆化忌——丙年生人癸巳大運

丁巳	戊午	己未	庚申
丙辰			辛酉
乙卯	**癸年生人**		壬戌
甲寅	乙丑	甲子	癸亥

圖表四：大運貪廉皆化忌——癸年生人丙辰大運

己巳	庚午	辛未	壬申
戊辰	己年生人		癸酉
丁卯			甲戌
丙寅	丁丑	丙子	乙亥

圖表五：大運昌曲皆化忌——己年生人辛丑辛卯大運

癸巳	甲午	乙未	丙申
壬辰	辛年生人		丁酉
辛卯			戊戌
庚寅	辛丑	庚子	己亥

圖表六：大運昌曲皆化忌——辛年生人己亥大運

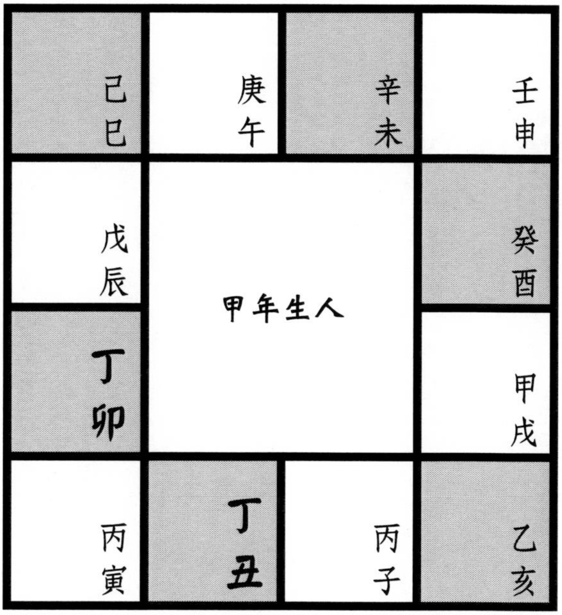

圖表七：大運太陽巨門皆化忌——甲年生人丁丑、丁卯大運

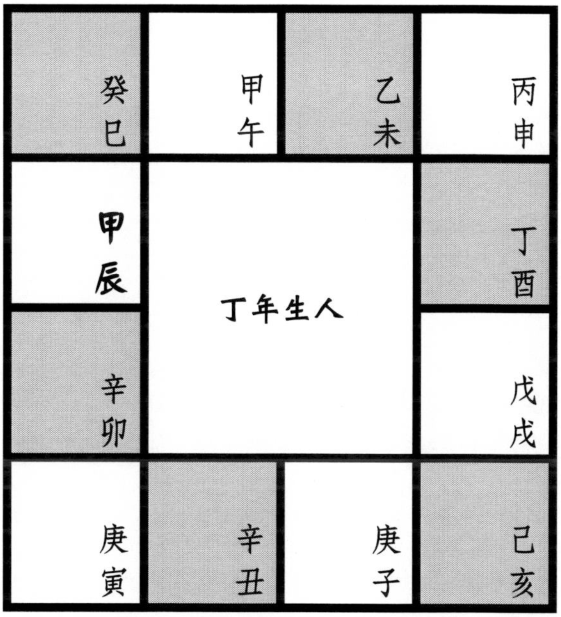

圖表八：大運太陽巨門皆化忌——丁年生人甲辰大運

第六章　疑似曾督八字——先印後財

第一節　基本四柱分析

曾督疑似生辰八字為：甲申年，癸酉月，甲辰日，戊辰時（參見本書末〈附錄〉）。

第一層次的五行組合是：

一水：癸月。

兩木：甲年、甲日。

無火。

三土：辰日、戊辰時。

兩金：申年、酉月。

一水兩木，無火三土兩金。同類（生我、同我）者三，異類（我生、我剋、剋我）者五。初步可判斷為身弱的機會較大。

第二層的五行數量，要計算日元以外的干支（支中藏干亦算）。總計曾督八字，於日干之外，十神的數量分別為：

三正印無偏印。
一比肩兩劫財。
無食神無傷官。
無正財四偏財。
一正官一七殺。

印比同類增添至六位。剋泄耗的異類亦是六位。剛好相同，數字上算是不強不弱。不過甲木生於秋令，四時旺氣之金，剋日元之木，於生旺屬「死」（參見第一章）。由是可以斷定這個八字身弱了。

曾督八字的天干依次是：

年：甲
月：癸
日：甲
時：戊

天干戊癸合化火，為「無情之合」，癸月戊時中隔甲木日元。

曾督八字的地支依次是：

年：申
月：酉
日：辰
時：辰

申年酉月，半會金（申酉戌西方一氣，又稱三會金）。

酉月辰日，合化金（地支六合）。

辰日辰時，辰辰自刑。

月日之合，解日時之刑。日時之刑，又壞月日之合。

孤立月日之合來看，時限由月支到日支。孤立日時之刑，時限由日支到時支。

因為合與刑互相影響，我們可以理解為日支所管的十六年（三十三歲至四十八歲）的前半屬酉辰之合，後半屬辰辰自刑。

換言之，辰辰自刑令到前面的酉辰之合提早結束，酉辰之合又令到後面的辰辰自刑延遲開始。

「時為一局歸宿」，這個辰辰自刑，將要影響到當事人全部餘生！

第二節　《滴天髓》論十干性情

董督與鄭督都是乙木日元，曾督則是甲木。如果用上形象化的描述，甲為陽木、為喬木；乙為陰木、為草木。故此有不同的喜忌。

《滴天髓》云：

甲木參天，脫胎要火。春不容金，秋不容土。火熾乘龍，水蕩騎虎。地潤天和，植立千古。①

參天形容喬木之高大，強木宜用火泄，便「脫胎換骨」。

春天木旺金衰，木堅金缺，故「春不容金」。廣義的春天指寅卯辰三月，狹義的春天僅指寅卯兩月。辰月是木旺還是土旺，很多時還要看其餘六字（年干年支、月干、日支、時干時支）。

秋天金旺土虛，弱土生強金，泄氣而不耐木剋，故「秋不容土」。同理，廣義的秋天指申酉戌三月，狹義的秋天僅指寅卯兩月。戌月是金旺還是土旺，仍得與餘下八字合參。

「火熾」指四柱多火，或成方（巳午未）成局（寅午戌），又透丙丁，甲木日元泄氣太過，宜坐辰（「乘龍」，辰於生肖屬龍，即甲辰日）。辰中藏癸為濕土，可以晦火生土。由水

① 《滴天髓闡微——附李雨田命理初學捷徑》，香港，心一堂，二〇一三，頁七四。

生木、木生火、火生土，五行為之流通。

「水蕩」指四柱多水，或成方（亥子丑）成局（申子辰），又透壬癸，甲木日元受生太過，宜坐寅（「騎虎」，寅於生肖屬虎，即甲寅日）。寅中藏甲木、丙火、戊土。水生木、木生火、火生土，五行亦為之流通。

「地潤天和」，指金不銳、土不燥、火不烈、水不狂，五行無偏枯而得一生平安之命格。曾督的八字地支兩金而不透，雖有強而不銳。四柱無火，土不燥、火不烈。癸水透而通根兩庫（辰為水庫），水亦不狂。

甲木日元不甚喜身弱，此造金旺土多，可判為「身弱不能任財官」的一類。

第三節　五行四時喜忌——木生於秋

秋月之木，氣漸淒涼，形漸凋零。

初秋之時，火氣未除，尤喜水土以相滋。

中秋之令，果實已成，欲得剛金而修削。

霜降後不宜水盛，水盛則木漂；

寒露節又喜火炎，火炎則木實。

木多有多材之美，土厚無自任之能。①

木生於秋令金旺之時，五行旺衰屬「死」。而秋令為樹木落葉之時，故此用「淒涼」、「凋零」來形容。但是這無非是以大自然具體情況來形容，不可一概而論。

初秋，指孟秋申月。所謂火氣未除，實指具體氣候而言，申中藏庚金、壬水、戊土而卅藏丙丁火。申月之金「喜水土」，土生金、金生水、水生木的連環相生，五行之氣得以流行。

中秋，指仲秋酉月。甲乙木受庚辛金所剋，必須木日元有氣才愛修削。

季秋建戌之月，起於寒露，經霜降而終於立冬之前一刻。霜降後已進入「季秋十八日」的土旺期，冬令將至，所以術家認為是水進氣的時候。如果四柱水盛，生木太過，就有「水盛木漂」的可能。此說可以參考，但不可硬套。

寒露是戌月的起點，按「土旺四季十八日」的理論，交寒露之後大約十二天仍屬金旺。後三天在霜降之前，仍拼入霜降後的「季秋十八日」。此說以戌月之後，寒氣漸增而喜見丙丁火，可參考。

三秋之木，要木多木旺才可以受金剋，構成「身旺可以任財官」。故曰：「木多有多材之

---

① 《窮通寶鑑評註　附　增補月談賦　四書子平》，香港，心一堂，二〇一五，頁一一。

美。」

木生金月，再見土厚（四柱多戊己），金受土生更旺，金過強則木受傷。故曰：「土厚無自任之能。」

第四節　甲木酉月之取用

甲木生於仲秋酉月的「調候用神」，先火後金：

八月甲木，木囚金旺，丁火為先。次用丙火，庚金再次。①

曾督的八字卻剛好缺火，據此則命格不及董督、鄭督遠矣！他們兩位都是木生於夏，一在孟夏巳月、一在仲夏午月，都要癸而四柱有之。曾督要用火，卻命中無火。可以說是高下立判了！

同樣是木日元，甲與乙因為陰陽剛柔的特性不同，喜忌也就大不相同了。

乙木日元要有丙火癸水，丙火為傷官、癸水為偏印。單論十神，不足以全面反映一個八字格局的高下。

甲木日元則要丁火庚金，丁火為傷官、庚金為七殺。

① 《窮通寶鑑評註　附　增補月談賦　四書子平》，香港，心一堂，二〇一五，頁三四。

三秋甲木，木性枯槁。金土乘旺，先丁後庚。丁庚兩全，將甲造為畫戟。①

說到畫戟，大家必會聯想到三國時著名勇將呂布，《三國演義》將他描述為武勇第一，使的兵器就是「方天畫戟」。

同樣是木，甲木以「傷官制七殺」為上格，乙木則以「傷官佩偏印」為上格。甲木之「傷官佩偏印」，是丁火與壬水，丁壬貪合，兩用皆受羈絆。乙木之「傷官制七殺」，是丙火與辛金，丙辛亦貪合。

曾督的命格不及董鄭二督，又何以取富貴？

原來曾督八字的弱點還未說完呢！

第五節　十惡大敗、不帶貴人

四位區長的八字，唯有曾督是不帶貴人（梁督的八字見後文）。重要神煞只見辰日、辰時兩值華蓋：

華蓋名為吉星，然吉凶隨他星而異。如值空亡，則主人出家為僧道。如帶官印或值貴

① 《窮通寶鑑評註　附　增補月談賦　四書子平》，香港，心一堂，二〇一五，頁三〇。

人文昌，則主富貴。若太多，亦不富貴，但主性聰明肯勤苦學藝而已。①

曾督生於甲辰日，「甲辰旬中寅卯空」與華蓋無關，此造華蓋值偏財，不帶官印，又未值貴人，只主秉賦聰明，無增於富貴。華蓋又為宗教之星，故曾督與鄭督都屬同一宗教信仰，不過看起來，曾督似比鄭督更為虔誠。

甲辰日於八字命理為「特殊日」，名為「十惡大敗日」。《淵海子平》云：

甲辰乙巳與壬申，丙申丁亥及庚辰。
戊戌癸亥加辛巳，己丑都拉十位神。
邦國用兵須大忌，龍蛇出洞也難伸。
人命若還逢此日，倉庫金銀化作塵。

這首七言八句的歌訣為還就詩律，必須第一、二、四、六、八句的句腳押韻。所以十天當中，拈出「壬申」和「庚辰」放在前兩句的句腳。

共有十組日柱干支犯「十惡大敗日」，開頭第一組干支，正正是曾督的生日「甲辰」。口訣內容都往負面說：「用兵大忌」、龍蛇「出洞難伸」，「金銀化塵」都說得十分惡劣。不過，筆者過去多番強調，不論是紫微斗數的星曜、還是子平的十神，都有其吉凶兩面。吉不一

① 不空居士、覺先居士合纂《算命一讀通》，香港，心一堂，二〇一三，頁四五。

定全吉，凶亦不一定全凶。日柱共有六十種不同組合，此中十組犯「十惡大敗日」，換言之，人群中有六分之一人都是「倉庫金銀化作塵」！

當代術數大師袁樹珊對此有補充：

《三命通會》：「此煞入命，未必皆凶。」《協紀辨方》云：「與天德月德併者不忌。得歲建月建太陽填實者，亦不忌。惟癸亥為幹枝俱盡，雖得吉解，仍忌。」①

曾督四柱無天德月德，亦無德合。餘下就要看有無「歲建月建太陽填實」了。

這個「特殊日」的理論基礎是「日干之祿值日柱旬空」，又名「無祿」。

以曾督生於甲辰日為例解說。

甲辰日為甲辰旬之首，一旬共十日。依次為：

甲辰、乙巳、丙午、丁未、戊申、己酉、庚戌、辛亥、壬子、癸丑。

以十天干配十二地支，一旬十天干只夠配十地支，便餘下兩支，這兩支稱為「旬中空亡」，簡稱「旬空」。紫微斗數亦有此雜曜。分別是斗數的「旬空」依生年起，子平的旬空依生日起。

「甲辰旬中寅卯空」，甲祿在寅、乙祿在卯。於是這十組干支中，甲乙兩組就符合「日干

---

① 袁樹珊《新命理探原》，香港，心一堂，二〇一四，頁一三六。

之祿值日柱旬空」的條件。

曾督生在「十惡大敗日」，四柱不帶天德、月德和德合等貴人，年支月支又不值寅支，所以不能消解「倉庫金銀化作塵」的影響。

如果用現代人的觀念去看這七字斷語，倒不如理解為：

（一）平日很會花錢而不甚懂得理財；

（二）有錢難聚，聚後亦多散；

（三）經常感到錢不夠花。

我們參考了這三個特點之後，可以拿「倉庫金銀化作塵」再分為有錢沒錢兩大類，就更能明白當中最重要的特點了！就是……錢老是不夠花。

賺錢多的人不夠錢花，就是亦有物質享受，只是不能滿足個人欲求，到最後仍是感到缺錢。賺錢少的人不夠錢花，則物質享受可能有大欠缺，甚至不得溫飽，到最後同樣是感到缺錢。

曾督貴為「區長」，管理一個七百萬人口的大都會，高職厚薪，只是一直不夠錢花，退休後個人財富也散去了一大截，如此而已。

富與貧，可以有兩重意義。以金錢多寡而言是第一層，這個好理解。以夠用不夠用而言，則由當事人決定了。有中等水平的生活質素而感到夠錢花，這種人算是第二層的富有；家財相當豐厚，卻一輩子感到錢不夠用，可算是第二層的貧乏了。

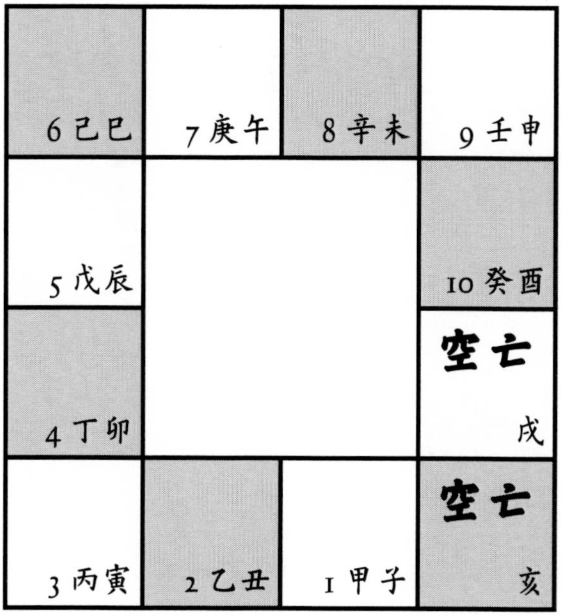

圖表一：六甲空亡之一——甲子旬中戌亥空

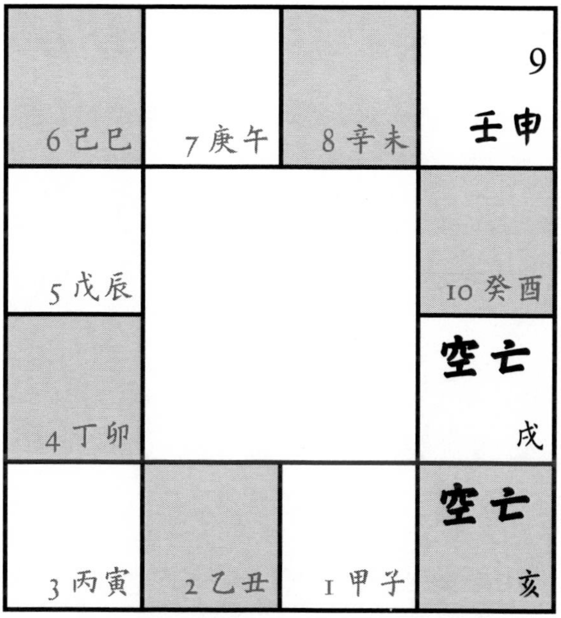

圖表二：壬祿在亥、壬申無祿

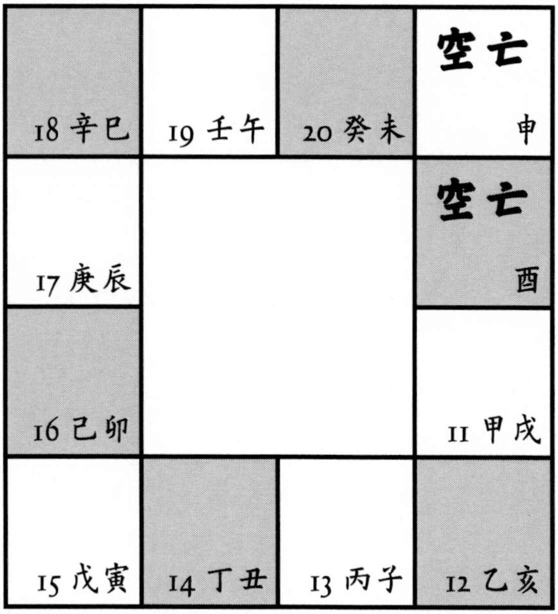

圖表三：六甲空亡之二——甲戌旬中申酉空

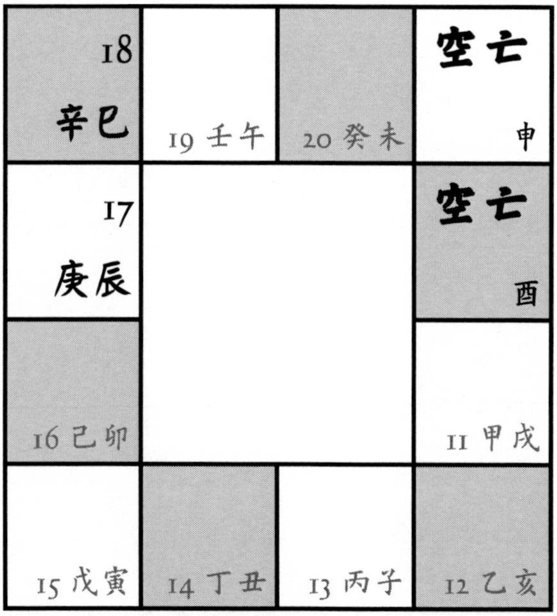

圖表四：庚祿在申辛祿在酉、庚辰辛巳無祿

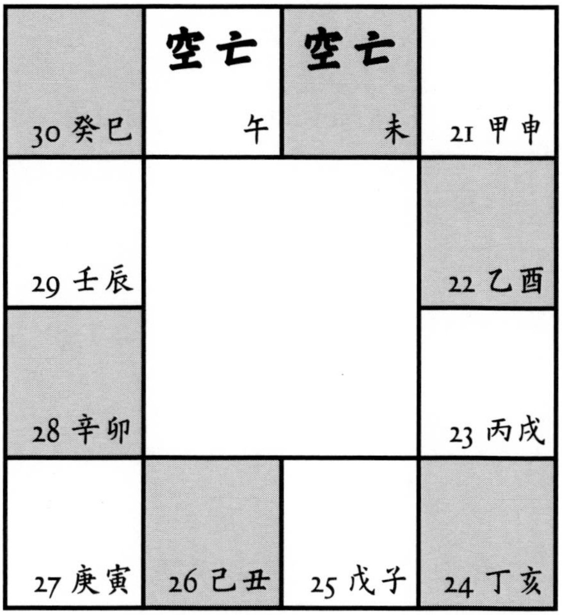

圖表五：六甲空亡之三——甲申旬中午未空

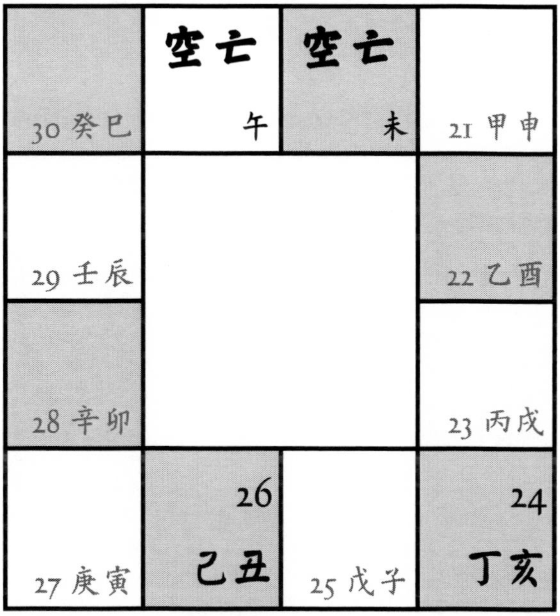

圖表六：丁己祿在午、丁亥己丑無祿

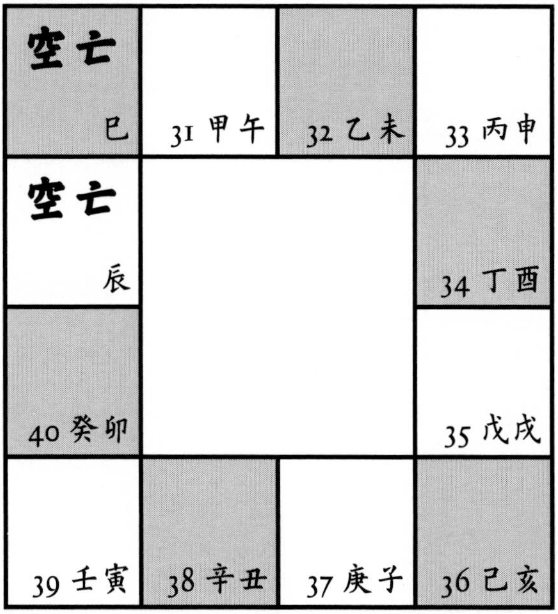

圖表七：六甲空亡之四——甲午旬中辰巳空

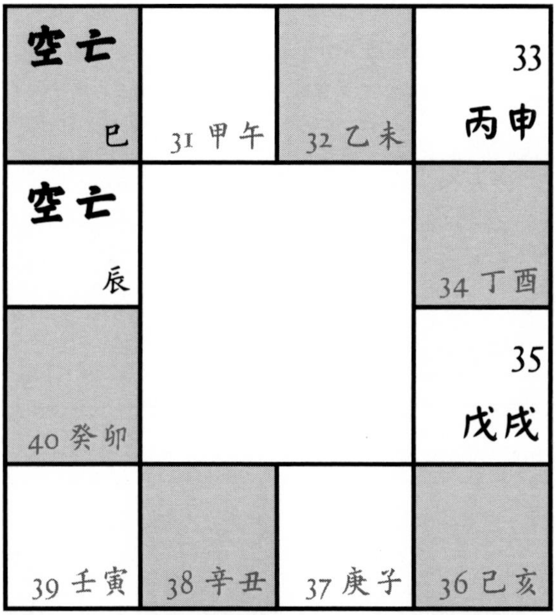

圖表八：丙戊祿在巳、丙申戊戌無祿

42 乙巳	43 丙午	44 丁未	45 戊申
41 甲辰			46 己酉
空亡 卯			47 庚戌
空亡 寅	50 癸丑	49 壬子	48 辛亥

圖表九：六甲空亡之五——甲辰旬中寅卯空

42 **乙巳**	43 丙午	44 丁未	45 戊申
41 **甲辰**			46 己酉
空亡 卯			47 庚戌
空亡 寅	50 癸丑	49 壬子	48 辛亥

圖表十：甲祿在寅乙祿在卯、甲辰乙巳無祿

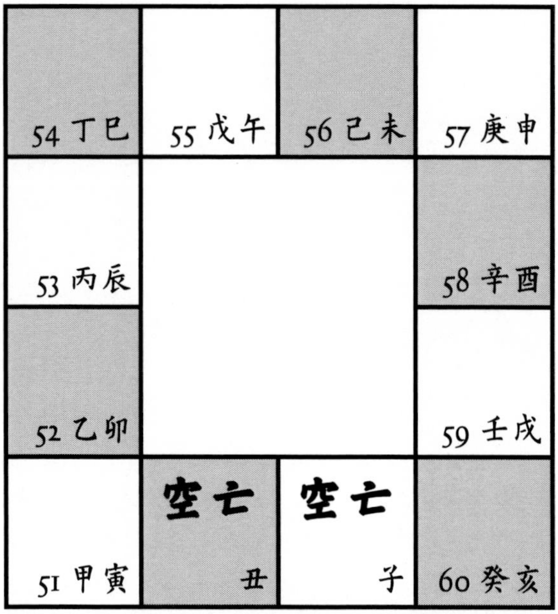

圖表十一：六甲空亡之六——甲寅旬中子丑空

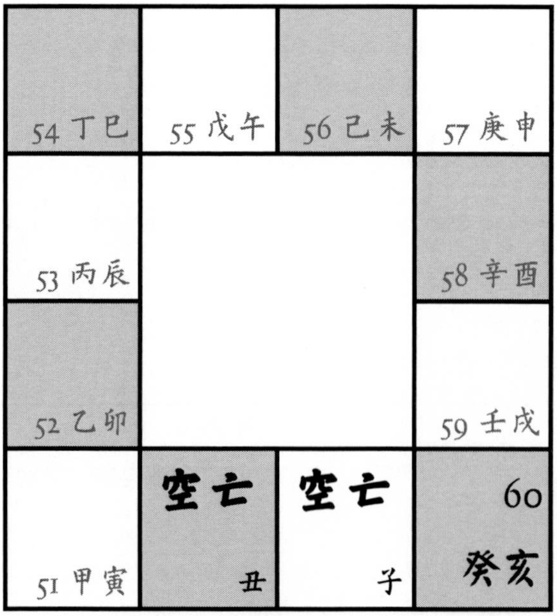

圖表十二：癸祿在子、癸亥無祿

序號	1	2	3	4	5	6	7	8	**9**	10
干支	甲子	乙丑	丙寅	丁卯	戊辰	己巳	庚午	辛未	**壬申**	癸酉
序號	11	12	13	14	15	16	**17**	**18**	19	20
干支	甲戌	乙亥	丙子	丁丑	戊寅	己卯	**庚辰**	**辛巳**	壬午	癸未
序號	21	22	23	**24**	25	**26**	27	28	29	30
干支	甲申	乙酉	丙戌	**丁亥**	戊子	**己丑**	庚寅	辛卯	壬辰	癸巳
序號	31	32	**33**	34	**35**	36	37	38	39	40
干支	甲午	乙未	**丙申**	丁酉	**戊戌**	己亥	庚子	辛丑	壬寅	癸卯
序號	**41**	**42**	43	44	45	46	47	48	49	50
干支	**甲辰**	**乙巳**	丙午	丁未	戊申	己酉	庚戌	辛亥	壬子	癸丑
序號	51	52	53	54	55	56	57	58	59	**60**
干支	甲寅	乙卯	丙辰	丁巳	戊午	己未	庚申	辛酉	壬戌	**癸亥**

圖表十三：十惡大敗日干支序號

第六節　先印後財，反成其辱。

讀者至此可能會發一疑問：為何本書分析三督八字時，談及基本理論時次序並不劃一？這是筆者故意為之，說明「運用之妙，存乎一心」①。

既可以先從身元強弱入手，也可以從十干性情入手，或者四柱刑衝會合、格局，神煞等等入手全都可以。那個理論的描述在這個八字中特別明顯、特別「搶眼」，都可以優先考慮。不過一般仍多是先看日元強弱為第一優先。

此下再談曾督八字的格局。

格從月令出，甲生酉月，酉月辛金專旺，即使不透干，亦可以取之為格。辛金剋甲木日元，陰金剋陽木，可定為「正官格」。正官有氣，可以當官。官宜透、財宜藏，官星不透，並非強旺的「正官格」。

其次看地支，有申辰而缺子，不成三合水局；有申酉而缺戌，亦不成三會金。地支不成方局，不能取金格（七殺格）水格（偏印格）。

① 語出《宋史・岳飛傳》。

再從天透地藏取格。

月干癸水兩通根於辰土水庫，可取「正印格」。

時干戊土通根於申年辰日辰時，偏財四見可取為「偏財格」。

戊癸都從辰土透出，為「同根透」，先癸後戊，不過申年中亦藏有戊土壬水。總計四偏財、三正印一偏印，都符合「天透地藏」的條件。

如並取兼格，這是「偏財格」兼「正印格」。

再細析之，財星不混雜而印星混雜，按照「正多同偏」的原理，「正印格」轉為「偏印格」。

於是最終定格局為「偏財格」兼「偏印格」。

「正多同偏」可以用在財星、印星之外，還可以用在「食傷」和「官殺」，即是「食多同傷」、「官多同殺」。

換言之，只要四柱是正官七殺在干支四見（全在地支不算），則一律作「七殺格」算。

「食多同傷」亦作如是觀。

曾督四柱有三正印一偏印，其中一正印出干，都作「偏印格」。如果是兩正印一偏印而一正印在干，仍作「正印格」，不過是帶了偏印的「混雜正印格」。

此造的八字配置，堪稱「教科書式」的實例：

《四言獨步》：「先財後印，反成其福；先印後財，反成其辱。」①

月干透癸水正印而時干透戊土偏財。於中年以前，是印格為主；中年以後，改為財格為主。這便不是「先財後印」的「福格」，而是「先印後財」的「辱格」。

如何趨吉避凶？

答案就是「急流勇退」四個字。正宜見好收手，及早退休！

第七節　干支雙合

我們先後分析過鄭督、董督和曾督的八字。前兩位命帶貴人而曾督無；前兩位四柱有「調候用神」而曾督亦無。還要生在「十惡大敗日」，那麼這個八字又何以取富貴？

原來是命格中雖然沒有許多貴氣，卻走上好運而得富貴。如同三位的斗數盤比較，仍是曾督的命盤遜色，全憑五運甲戌（管虛齡五十三至六十二），主大運之內突發。

我們拿曾督的斗數盤和八字合參，發現曾督的八字也是遇上好運而高陞。

所謂「命好不如運好」，信焉！

---

① 不空居士、覺先居士合纂《算命一讀通》，香港，心一堂，二〇一三，頁XX。

我們先由兩組干支之間構成天干合、地支也合的「雙合」（亦作「干支雙合」或「天地雙合」）說起。

天干有五合，地支有三合六合，談到「雙合」就只論六合，三合不算。

天干五合：甲己合化土、乙庚合化金、丙辛合化水、丁壬合化木、戊癸合化火。

地支六合：子丑合化土、寅亥合化木、卯戌合化火、辰酉合化金、巳申合化水、午未合化日月。

為清眉目，此下依六十甲子的序號臚列全部：

甲子（一）　合　己丑（廿六）
乙丑（二）　合　庚子（卅七）
丙寅（三）　合　辛亥（四八）
丁卯（四）　合　壬戌（五九）
戊辰（五）　合　癸酉（十）
己巳（六）　合　甲申（廿一）
庚午（七）　合　己未（卅二）
辛未（八）　合　丙午（四三）

壬申（九）　合　丁巳（五四）
癸酉（十）　合　戊辰（五）
甲戌（十一）　合　己卯（十六）
乙亥（十二）　合　庚寅（廿七）
丙子（十三）　合　辛丑（卅八）
丁丑（十四）　合　壬子（四九）
戊寅（十五）　合　癸亥（六十）
己卯（十六）　合　甲戌（十）
庚辰（十七）　合　乙酉（廿二）
辛巳（十八）　合　丙申（卅三）
壬午（十九）　合　丁未（四四）
癸未（二十）　合　戊午（五五）
甲申（廿一）　合　己巳（六）
乙酉（廿二）　合　庚辰（十七）
丙戌（廿三）　合　辛卯（廿八）

丁亥（廿四） 合 壬寅（卅九）
戊子（廿五） 合 癸丑（五十）
己丑（廿六） 合 甲子（一）
庚寅（廿七） 合 乙亥（十二）
辛卯（廿八） 合 丙戌（廿三）
壬辰（廿九） 合 丁酉（卅四）
癸巳（三十） 合 戊申（四五）
甲午（卅一） 合 己丑（五六）
乙未（卅二） 合 庚午（七）
丙申（卅三） 合 辛巳（十八）
丁酉（卅四） 合 壬辰（廿九）
戊戌（卅五） 合 癸卯（四十）
己亥（卅六） 合 甲寅（五一）
庚子（卅七） 合 乙丑（二）
辛丑（卅八） 合 丙子（十三）

壬寅（卅九）　合　丁亥（廿四）
癸卯（四十）　合　戊戌（卅五）
甲辰（四一）　合　己酉（四六）
乙巳（四二）　合　庚申（五七）
丙午（四三）　合　辛未（卅八）
丁未（四四）　合　壬午（十九）
戊申（四五）　合　癸巳（三十）
己酉（四六）　合　甲辰（四一）
庚戌（四七）　合　乙卯（五二）
辛亥（四八）　合　丙寅（三）
壬子（四九）　合　丁丑（十四）
癸丑（五十）　合　戊子（廿五）
甲寅（五一）　合　己亥（卅六）
乙卯（五二）　合　庚戌（四七）
丙辰（五三）　合　辛酉（五八）

丁巳（五四）　合　壬申（九）
戊午（五五）　合　癸未（二十）
己未（五六）　合　甲午（卅一）
庚申（五七）　合　乙巳（四二）
辛酉（五八）　合　丙辰（五三）
壬戌（五九）　合　丁卯（四）
癸亥（六十）　合　戊寅（十五）

這樣就分成三十組「干支雙合」。如「甲子合己丑」，「己丑合甲子」只是主從的分別。

一般來說，八字行運時，出現「柱運雙合」，便主十年順遂。

所以從行運吉凶來說，有時一個八字到手，可能要先看有沒有那些大運的干支剛好與年、月、日、時四柱雙合。

有些八字連續兩個大運是「柱運雙合」，二十年順境，命不好運好，也變成好命了。

再看曾督的四柱：

甲申年，不見己巳運。

癸酉月，不見戊辰運。

甲辰日，不見己酉運。

戊辰時，不見癸酉運。

那麼「雙合」之說，又從何說起？

首先，這個八字是四柱之內雙合。

癸酉月和戊辰時不正正時雙合嗎？

按四柱的年限，「月日雙合」最有作為，主十七歲至四十八歲這段年輕力壯的黃金時期事事順利。如果是「日時雙合」就是福澤最佳，因為由三十三歲起，直至壽終都無大凶危，人生就比較美滿了。

凡「月時雙合」，多主在中年前已建立良好事業基礎。在於曾督，則在三十二歲以前（月支運未完前），已轉入「政務職系」。這是港英時代（甚至回歸之後亦然）前途最光明，機會最豐富的「政府工」。

原來除了前述三十組「干支雙合」之外，還有另外五組。

那是將天干五合，轉到地支去。

甲己合化土。甲祿在寅，己祿在午。不過寅午已半合火局，而兩地支皆為陽支，不能配合甲己之合。故不論。

乙庚合化金。乙祿在卯、庚祿在申。剛好一陰一陽，一金一木。於是「卯申合」，也可以與「地支六合」等量齊觀！

於是多了五組「干支雙合」：

甲申（廿一）　合　己卯（十六）

丙申（卅三）　合　辛卯（廿八）

戊申（四五）　合　癸卯（四十）

庚申（五七）　合　乙卯（五二）

壬申（九）　合　丁卯（四）

然後丙辛合化水。丙祿在巳、辛祿在酉。巳酉半合金局，且為兩陰支，不能配對天干之合。

丁壬合化木。丁祿在午、壬祿在亥。有些術家認為「午亥」也可以合，有些認為不可當為合。午藏丁己、亥藏壬甲，午亥是否有等同「地支六合」之力?不及「卯申合」為人接受。

戊癸合化火。戊祿在巳、癸祿在子。一般亦不取「巳子」合，被認可的程度比「亥午」的一組還要低。

結論是，承認「卯申」合，有等同「地支六合」的影響力。

這樣，曾督的六運己卯（管五十二至六十一歲），就剛好與年柱甲申構成雙六合，於是這十年正正是當事人走到事業顛峰的時候。

第八節　刑合逢衝

己卯運與年柱甲申「雙合」本來主十年順遂，不過這是第六個大運，此運在任何人都叫「衝提大運」，剛好與月柱雙衝！這例是己卯運與癸酉月「雙衝」。兩相交涉，就是吉凶交集，吉處藏凶了！

至於是吉大凶小，還是凶多吉少，則要拿整個八字與大運，共是五組干支合參。甲以己為正財，原局還有甲年，構成兩甲爭合一己，比肩來爭合正財，麻煩便與錢財有關。甲以卯為羊刃劫財，卯酉衝是劫財衝正官，亦屬不利。

紫微斗數的大運管十年，必在每年夏曆正月初一轉運，轉運年歲限定二至六，即水二局、木三局、金四局、土五局和火六局。

子平的大運亦管十年，不過轉運的日期浮動，一年之中春夏秋冬都有可能。年歲方面，最早一歲（虛齡計，即是出生當年），最遲是十一歲。

董督八字起運遲至虛齡十一歲，曾督則是兩歲起運，差了九年之多。

曾督的斗數盤屬木三局，與八字兩歲轉運，只差了一年。

如果用電腦軟體、手機程式為曾督起八字，有些時候只提及是兩歲起運。實際情況有些微差別。他是一九四四年（甲申）生，一九四五年（乙酉）春分後上運，然後是乙年春分之後轉運。

二〇〇五年（乙酉），曾督虛齡六十有一，這年高陞為香港政府一把手。這年春分（三月下旬）之後轉運。

換言之，在二〇〇五年春分之前，仍在己卯運！

八字仍是甲申年、癸酉月、甲辰日、戊辰時。運歲則是己卯運、乙酉年：

年柱：甲申

月柱：癸酉

日柱：甲辰

時柱：戊辰

大運：己卯

流年：乙酉

到了公曆四月，已換庚辰運。

八字仍是甲申年、癸酉月、甲辰日、戊辰時。運歲則是庚辰運、乙酉年。

年柱：甲申

月柱：癸酉

日柱：甲辰

時柱：戊辰

大運：庚辰

流年：乙酉

這樣事情就妙不可言了！

二〇〇五年三月（在春分前）董督宣佈辭職。曾督仍在己卯運，已經差不多「篤定」陞官接手！不過，這個己卯運很快完結，到了實際上任，已經轉入庚辰運。

六組干支，湊成「甲戊庚天上三奇」，流年乙酉又與大運庚辰雙合。年中正式上任，貴為七百萬人口大都會的行政首長。

大運有三辰爭合一酉，原局「辰辰自刑」，兩辰加一，自刑更深。流年乙酉，又要癸酉月構成「酉酉自刑」。兩組自刑剛好再相合，煩惱自招，糾結難解。故此高陞反而自陷困局。

大運偏財太重，身弱不能任財官，由是毛病叢生。

二〇一二年壬辰，任滿離職，年內被指涉貪，庚辰運壬辰年，加原局四柱已有兩辰，共是四辰自刑，流年不利。延至二〇一七年丁酉（已入辛巳運），罪成失去自由。又是地支兩辰兩酉「自刑湊合」的流年。十年前（二〇〇五年乙酉）不高陞，十年後亦恐不致窮途至此！

第九節　紫平合參

算命這回事，有用還是沒用？

很難一概而論。

如果當事人遇上好運，那麼他算不算、術者算不算得出，都影響不大。不幹這事，跑去幹了別事，至不濟無非是富貴減等。

如果當事人遇上惡運；或吉凶交集；或吉處藏凶、凶處藏吉；這時去算命，算得出抑或算不出，就茲事體大了。

曾督的斗數格局只算中平，巳宮太陽化忌，經行貪狼運見火鈴得祿的大運而突發，可惜後運後繼乏力，連走兩步弱運。如果遇上類似的結構，只有放棄眼前權位名利，息影林泉，方為上策。然後富貴在近，誰能抗拒？

其八字是甲生酉月，偏財格兼偏印格，四柱無火，喜行火運。少年運見丙丁，雖然無根，亦為「藥到病除」。行運月雙合的大運十年順境，惜後運庚辰，三辰自刑，爭合一酉。「先印後財，反受其辱」，財主利而印主名，財星壞印，名譽受損。更嫌「十惡大敗」，身弱不能任財，諸般毛病，皆因財起。

八字偏財四見，卻從事公職，薪酬雖豐厚，僅為固定收入，與偏財為「眾人之財」性質反背。後運氣轉南方火地，反而大利求財。如果在二〇〇五年乙酉棄官從商，減貴增富，方是趨吉避凶之上策。

兩門術數都揭示當事人高陞後即步入弱運，當可確認萬不可戀棧權位，退休或轉業為宜。

紫微斗數與子平八字合參，應該有相當廣闊的發揮空間。

本書所謂的合參，不著眼於斗數盤見某正曜星系坐命，會對應八字中甚麼日元、身強身弱、是何格局等等。只因兩門星命之學的側重點不同，同一個時辰可以按兩種不同的算命術，各自拈出未盡相同的命運特徵，互補不足，如此而已。

第七章　疑似梁督命格——雄宿朝元

第一節　由「朝元」到「乾元」

梁督生於一九五四年甲午，疑似斗數命盤是廉貞化祿七殺在未宮安命（參見本書末〈附錄〉）。

當代斗數名家陸斌兆有論及此格：

廉貞、七殺在未同躔，或者廉貞申宮，而七殺在午宮，有吉星會照，無四煞、空劫、刑耗衝破者，是富貴雙全之上格，稱之「雄宿乾元格」。因廉貞的陰火與七殺的陰金相制為用，好似荒山礦石經火鍛煉，乃成極名貴的原料。①

又有謂：

（七殺）與廉貞同度，在未宮或七殺在午宮，稱為「雄宿乾元格」，乃是上格，魄力雄厚。因為七殺的陰金被廉貞的文火所鍛煉，相制為用。在子宮則次之，在丑宮者普通。如會照煞星，反主刑剋、傷害、顛簸。②

---

① 陸斌兆《紫微斗書講義》〈廉貞星〉。
② 陸斌兆《紫微斗書講義》〈七殺星〉。

因星系屬廉貞七殺同宮，所以在書中分開在〈廉貞〉和〈七殺〉兩部份來討論。

縱合兩處的論述，陸氏定「雄宿乾元格」有三種結構：

（一）廉貞七殺同宮在未。（此盤紫微貪狼在卯）

（二）廉貞在申宮。（此盤紫微天相在辰）

（三）七殺在午宮。（此盤紫微天相在辰）

此說與古籍所載有開闔：

廉貞申未宮，無殺富貴，聲揚播遠名。雄宿朝元格，加殺平常。①

另有：

廉貞朝元格。廉覷在未申守命是也。

詩：申未廉貞得地功，縱七殺不為凶。

聲名顯達風雲遠，二限優游富貴中。②

古說有兩處不同。

① 《紫微斗數全書（明末清初木刻真本）》，香港，心一堂，二〇一七，頁一七四。

② 《明刻本紫微斗數全集》，香港，心一堂，即將出版，頁二〇七。

（一）格名為「雄宿朝元」而非「雄宿乾元」。

（二）未有提及七殺在午宮也合此格。

「朝」與「乾」，可能是形似要訛傳。乾為老父、屬金，先天八卦方位為南，後天八卦方位為西北，「乾元」作何解釋未詳。若論八卦方位，則斗數多用後天而不用先天。如「殺陷震兌」、「日出雷門」。似未見有用先天方位。如用先天方位，午宮是南方離位，未申兩宮則算是西南方巽位了。

如果是「朝元」，是否可以理解為「紫微」？廉貞七殺在未會紫微貪狼在卯，廉貞在申則會辰宮的紫微天相。七殺在午宮就不會紫微了。

陸氏除了加了七殺在午宮之外，還提到七殺在子宮「次之」（此時紫微天相在戌宮），廉貞七殺在丑宮（紫時紫微貪狼在酉宮）則平常，廉貞在寅宮（此時紫微天相在戌宮）則沒有提及。

補入七殺在午宮也算「雄宿乾元格」，當為陸氏的發明，足證紫微斗數會透過學人實踐成果而豐富學理和徵驗。

基於筆者偏於「好古」，還是用舊名「雄宿朝元」為是。

第二節　吉多煞輕、富貴揚名

紫微斗數的星系，大多有吉凶兩面，前賢行文可能會有簡略。如《紫微斗數全集》只談「乾宿朝元」之吉而未論其凶；《紫微斗數全集》只簡單補充了「無殺富貴」、「加殺平常」。我們的觀點仍是看吉曜凶曜的多寡，與及在內在外的配合。

本造廉貞七殺星系兼具的吉格有二：

（一）祿權科會。本宮未宮坐廉貞化祿；亥宮事業宮坐武曲化科破軍化權。

（二）坐貴向貴。甲干天鉞在未、天魁在丑；一居命、一居遷移。

兼具的凶格有一：

（一）羊陀疊併。會丑宮陀羅，卯宮擎羊。

此外，命宮三方四正還有三台八座、台輔封誥兩對雜曜，可增添貴氣，在現代社會就是社會地位。命宮還有天姚天官，有權謀，且易有一見鍾情的際遇；加會天才天壽，增慧添福。身宮值福德宮在酉宮，無正曜，對照紫微貪狼、天府天相，合「府相朝垣」格。南北斗主星會，六吉星見文昌文曲對星，加天魁單星紅鸞天喜、咸池大耗諸桃花雜曜雲集，不過紫微貪狼擎羊的宮位有天刑同宮，桃花雖重，仍然能夠自律。

貪狼與昌曲氣質不投，不宜單見。但是紫微貪狼星系因有北斗主星同在，不忌單昌曲，能夠以取文貴。若在科舉時代，可以「兩榜出身」（即考得進士功名）。

這組紫微貪狼未從卯宮借入酉宮之前，見祿權科三吉化同會，此所以未宮的廉貞化祿和亥宮的破軍化權武曲化科對酉宮仍有間接的影響。尤不可忽視卯宮有火鈴夾（火星在寅、鈴星在辰），於是這個紫微貪狼星系亦等同於火貪鈴貪！由是構成暗見的火貪鈴貪格。

因本造為男命甲年生，陽男陰女大運順行，第三個大運即得火貪鈴貪，且為「七殺遇紫微化氣為權」，正宜三十歲前已名利雙收。梁督在年約三十歲時，成為國際知名的英資測量行合伙人，破了國籍與年齡的紀錄，可謂少年得志了。

如果大運逆行，要到第四個運才是紫微貪狼的火貪鈴貪格，相差二十年的光陰！

第三節　廉貞坐命，日守友屬

此造命宮見齊祿權科三吉化，命宮、財帛宮、事業宮皆見，事業財帛，兩皆得意。遷移宮天府對廉貞化祿七殺，坐貴向貴、昌曲同會，宜離開出生地求學，在外大得機遇。

此下談六親宮位。

父母宮無正曜，對照天機太陰，會巨門、太陽化忌，火鈴照射、祿馬交馳，太陰為夜生人中天主星，諸星多落陷地。主與父母有代溝，上司則多變，蔭庇不足。

田宅宮天同在戌，會輔弼火鈴，主白手興家，成功不由父蔭。

兄弟宮天梁為惡曜，以其帶有孤剋本質之故。子午宮天梁入廟，優於丑未宮乘旺，巳亥宮落陷最為動蕩飄零。再要兼視太陽廟陷，故此星系配合相近時，子宮多勝於午宮、丑宮勝於未宮、亥宮亦勝於巳宮。此造天梁少吉助而多凶煞，故難與兄弟姊妹或平輩朋友合作創業。

子女宮巨門為惡曜，主有代溝不和。祿馬交馳，宜遠離膝下，外出求學及發展，可減口舌紛爭。門人弟子有助力而感情有欠缺。

友屬宮太陽子宮落陷化忌為惡曜，主下屬不得力，且多埋怨。甚至有恩將仇報的傾向。太陽與廉貞在斗數盤的相對位置固定，為幫助讀者理解，筆者將十四正曜分為「紫陽系」和「府陰系」①，以清眉目。凡廉貞坐命，必以太陽坐友屬宮。太陽在友屬宮為惡曜，甲生人廉貞化祿而太陽化忌，一吉一凶永遠同在。廉貞化祿坐命可以減添富貴福澤，但是人際關係就無可避免早伏危機。

梁督的命格主少年得志，隨之而來的，還有連綿不絕的是非糾紛。

---

① 《潘國森斗數教程（一）：入門篇》，香港，心一堂，二〇一六，頁一六六至一六七。

二運壬申（天梁化祿、紫微化權、天府化科、武曲化忌），命無正曜，對宮見天機太陰，有祿馬交馳，再加火星鈴星同會，有離家出外的運勢。（參見本書末〈附錄〉）天機太陰同宮的星系，有南北斗主星紫微和天府相夾。大運紫微化權坐疾厄宮、天府化科坐友屬宮，成為科權夾。命無吉夾而遷移宮有吉夾，遷移宮遠勝命宮，大利離家外出。原局遷移宮是天府會百官朝拱，命主為夜生人以太陰為中天主星，經行得科權夾的主星，主出外大得際遇。運內先是中學畢業時在公開考試失利，考入工業學院（香港理工大學的前身）就讀測量文憑課程，畢業後赴英留學，攻讀學士學位，後以首名成績畢業。

值得注意的是大運兄弟姊妹宮，原局天梁是惡曜，大運經行廉貞化祿七殺星系，本已有祿權科會，大運再添化權、化科、化忌。計為廉貞化祿七殺，對照天府化科，會照紫微化權貪狼、破軍化權武曲化科再化忌，又有天魁天鉞對星。主得平輩莫大助力，應在其長姊。據資料顯示，升學頭一年的開支，由長姊變賣嫁妝資助。

凡紫微斗數論命，第一要能推算大運流年，第二要能打破十二宮。若只知孤立一宮泛泛而談，就僅堪「紙上談兵」而已。

三運癸酉（破軍化祿、巨門化權、太陰化科、貪狼化忌），大運命宮無正曜，借對宮紫微貪狼化忌的火貪鈴貪成格，又是另一個科權夾遷移的大運。原局亥卯未宮算是較好的宮位，申子辰宮則是較壞宮位。凡七殺坐命，喜經行紫微大運，主權力得以實施，即所謂：「七殺遇紫微化氣為權」①。貪狼化忌同宮，僅主慾望未能滿足。遷移宮得科權夾，又是一個宜動不宜靜的大運。運內頻頻北上講學，在異鄉得人尊重。

大運田宅宮「羊陀夾忌」（大運流祿落子宮與太陽化忌同宮），影響及於其他宮位，主人際關係頗有缺失。不過父母宮的天同不會子宮的羊陀夾太陽化忌，頗受「上司」看重。

第三個大運通常是適婚年齡，本運夫妻宮疊祿（廉貞化祿會破軍化祿），可得佳妻。

四運甲戌（廉貞化祿、破軍化權、武曲化科、太陽化忌），太陽雙化忌在福德宮，主勞心。大運命宮天同獨守，為七殺守命者所喜。經云：「（天同）不怕七殺相侵。」②雖然會齊火鈴，亦得疊祿與左輔右弼之助。

大運父母宮坐武曲破軍雙科雙權，子女宮坐廉貞雙化祿七殺，友屬宮坐紫微貪狼，多結識位高權重之友。

① 《潘國森斗數教程（一）：入門篇》，香港，心一堂，二〇一六，頁七一。
② 《紫微斗數全書（明末清初木刻真本）》，香港，心一堂，二〇一七，頁二二。

本運適逢香港回歸之前的過渡關鍵時刻，梁督深度參與相關的準備工作。

五運乙亥（天機化祿、天梁化權、紫微化府、太陰化忌）。原局武曲破軍已得祿權科會，再會卯宮紫微化科及大運流祿，權位更上一層樓，特區成立後即成為「區長」的「首席顧問」。

值得注意是大運福德宮，原局丑宮天府為日月所夾，今運日月皆化忌來夾。太陽化忌坐大運父母宮、太陰化忌坐大運田宅宮。對星化忌遍照六親宮位，人際關係又轉劣。十年之內，頗受「反對派」之力量攻擊。

六運丙子（天同化祿、天機化權、文昌化科、廉貞化忌）。經歷三十年佳運，終於走到一部弱運。太陽子宮化忌，借會天機化權及祿馬交馳。火鈴照射，右弼單星，大運流昌流曲，亦主官貴。天府坐父母宮，坐貴向貴，可得上司提拔。遂於本運下半接任為區內最高領導人。

除火鈴照射之外，大運流陀在辰、流羊在午，構成四煞併照。五年任期之內，遍歷驚濤駭浪。由上任之初至任滿的五年之間，因「辦事不力」而將被提早撤換之說，從來不曾停息過。憑福德宮天機化權會天同化祿之力，以機謀化解連串危機。

二零一四年（甲午），遇上所謂「雨傘革命」。流年天梁在午守命，正照太陽雙化忌，終能化險為夷，平安渡過。父母宮廉貞雙重化祿兼化忌，與上司關係難免有損。

二零一六年（丙申），以照顧家庭為由，宣佈不尋求連任。流年命宮無正曜，對照天機雙化權，權力未被架空。廉貞雙化忌衝化祿坐兄弟宮，不得所謂「建制派」的同事支持，諒為「鞠躬下台」之主因。福德宮天同雙化祿，會火鈴及大運流年兩重擎羊陀羅，共六點煞星，有福難享，亦不利競爭。任期未滿之際，被任命為「國家領導人」，足證其雖然不得連任，當被上級評為功大於過。

現行七運丁丑（太陰化忌、天同化權、天機化科、巨門化忌）。巨門化忌坐田宅、太陽化忌坐兄弟宮，是非口舌仍然不斷。大運命宮坐天府，利於守成。父母宮祿權科會，傳聞其干犯重大過失而遭「整頓」之說，並不可靠。

二〇二二年壬寅，流年命宮有南北斗主星化科化權來夾，捲土重來之說甚囂塵上，唯是福德宮巨門化忌會太陽化忌，會照重重火鈴羊陀空劫，恐不利於競爭。

然而，不論是否「重為馮婦」，後運仍許光昌，當可長保名譽地位。

第八章　疑似梁督八字——正官格成

第一節　五行、十神與干支刑衝會合

梁督八字是：甲午年、壬申月、庚子日、丁丑時（參見本書末〈附錄〉）。

第一層次的五行組合，是：

一土：丑時。

兩金：申月、庚日。

兩水：壬月、子日。

一木：甲年。

兩火：午年、丁時。

同類者三，異類者五。比例是三比五，身弱的可能較高。

第二層的五行數量而計算支中藏干。總計梁督八字於日干之外，十神的數量分別為：

一正印，兩偏印。

一比肩，一劫財。

兩食神，兩傷官。

無正財，一偏財。

兩正官，無七殺。

同類者五，異類者七。比例是五比七，仍可作弱論。不過如此統計，只可作為參考，並非「一加一等於二」那麼簡單直接。

庚金生於申月，因庚祿在申之故，已經可以作身強論。除非餘下六字多剋泄，方可作身弱論。申中有戊土、午丑中有己土，丑中有辛金：都有生扶之力。

結論是：身稍強而且有氣。

四位一區之長，唯梁督身強，餘三人皆身弱。董督鄭督是身雖弱而有根，曾督則是身弱而無根。

一般認為男命宜身稍強，女命宜身稍弱。

此中道理主要是男命身強方可任財官，得富貴。女命則按中國傳統禮教與風俗，應以夫運子運為主，身弱則官殺食傷較易得氣。女命以官殺為夫星、食傷為子星。星命之學，不脫傳統重男輕女的思想，古人論女命時，寧取夫子得力，即使本人無所作為亦是好命。

現代社會男女趨於平等，女子有獨立經濟能力，不必依靠夫或子。

身強身弱，亦與命運好壞無必然關係。身強者，亦有貧賤凶夭；身弱者，亦有富貴吉壽。

強弱之別，在於命主的志氣與抱負。身強之人，多有主張，亦多有想做之事。身弱之人，遇事較多「無可無不可」，較少有「崇高的理想」。當然滿腔雄心壯志之人，不一定能夠成功；隨波逐流之人，亦不一定沒有出息。

證諸往事，四位首長當以梁督最積極謀求建功立業；餘三人則有受環境影響而本無志於此的情勢，都有點「富貴迫人來」之勢。

梁督八字的天干依次是：

年：甲

月：壬

日：庚

時：丁

天干丁壬合化木，為「淫慝之合」，壬月丁時中隔庚金日元。

天干有衝。甲年與庚日為金木相衝、東西相衝。庚金甲木之間，中隔壬水。庚金生壬水、壬水生甲木，這個庚甲衝便不嚴重了。

梁督八字的地支依次是：

年：午

月：申

日：子

時：丑

午年子日是六衝，申月子日是半會水局，子日丑時是地支六合（子丑合化土）。子午雖衝，但有申子半合、子丑六合，子水被合住，子午之衝便不強烈了。

第二節　柱內雙衝

所謂「男怕衝、女怕合」，梁督八字之中就有年日雙衝。

甲午年雙衝庚子日

梁督生於甲午年，是為陽年。

天干甲庚衝而庚剋甲，還有甲剋戊。年干甲木涉及同性相剋者有二：

（一）甲庚相衝，而庚剋甲。

（二）甲剋戊，而甲戊不涉及天干四衝。

年支午，與子相衝。

「干支雙衝」的定義是「天剋地衝」，天干相剋、地支相衝。

甲午年這一柱，可以與戊子、庚子雙衝。

現在梁督生在庚子日，便是「年日雙衝」，且是「日剋年」。

生在戊子日的人，也是「年日雙衝」，不過是「年剋日」。

庚子除了與甲午雙衝，還可以跟丙午雙衝。

四柱除了分管年（每柱十六年，六十四歲以後時支兼管）之外，還主當事人與不同輩分親屬的關係。

一般說法是：年柱看父母、月柱看兄弟、日柱看配偶、時柱看子女。

還有說法是：年柱看祖上、月柱看父母、日柱仍看配偶、時柱看子孫。

現在梁督是年柱與日柱雙衝，主難得長輩關照。證諸事實，梁督出身草根階層，不算有祖蔭父蔭，屬白手興家。據稱出外求學時，得長姊資助旅費云云。

四柱之間的雙衝，共有六種：

（一）年月雙衝

（二）年日雙衝

（三）年時雙衝

（四）月日雙衝

（五）月時雙衝

（六）日時雙衝

此下逐一分析。

年月雙衝

我們姑且先從年說起，公元二〇二一年歲次辛丑，辛丑年內（年初的立春至下一個立春之間）出生的人，都屬辛丑年出生。

丑與未衝，丁剋辛而辛剋乙。

辛丑年的月份天干，用「五虎遁月」。

「丙辛從庚起」，依次為庚寅、辛卯、壬辰、癸巳、甲午、乙未……

辛丑年有乙未月，於是在二〇二一年的小暑節之後，立秋節之前出生的人，都是年月雙衝的命！

有了由年干推出月干的限制，便不是每年都有年月雙衝的可能。

每六十年（一個甲子循環），只有二十四個月，是全個月之內出生的人，八字都是八字年月雙衝。

辛丑年中，有一位年輕女士計劃當媽媽，剛好先前有「老師」用「易經」告訴她要限定某年之內。筆者猜想，可能是用年支的刑衝做文章，然後才會限定某年生。否則就是更等而下之的「生肖運程」了！細加查問後，果然是老師幫她算過子平。八字就八字了，何必說是「易經」去應付外行？

筆者是不主張為了選擇良好的八字命格而選擇剖腹產，一來動刀會傷及氣脈，二來孕婦的預產期不長，可供選擇滿意的生日生時其實不多。不過有前輩名家指出，以父母的角度來說，小孩如果大器晚成，自身亦難得有享兒女福的命，那麼剖腹產子的第一個要求，必定是小孩將來的年青時代不要太過多事，連累父母費心。

因此，第一要義是避免小孩的八字年月雙衝！

年月雙衝有甚麼毛病？

就是三十二歲前運勢多動蕩！

以中國人傳統多數人都是愛成年子女如小孩的習俗，子女三十二歲之前人生多事，父母就必定受到影響。

辛丑年乙未月是年月雙衝。

二〇二二年壬寅年，有戊申月，也是年月雙衝。

於是筆者給那位年輕女士的建議是：計算預產期之後，不要在二〇二二年立秋節之後，到白露節之前出生。預產期一般二百七十天，按時受孕就可以避開「年月雙衝」了。

具體是二〇二二年八月七日晚上八時多，至二〇二二年九月七日晚上十一時多，就屬壬寅年戊申月。這段時間出生的人就是八字年月雙衝了。

為免因時區出現時差，在中國地區挪前挪後數小時到一兩天，避開八月七日至九月七日生娃娃就可以了。八月六日仍在未月，九月八日已交酉月，都不會年月雙衝。

年日雙衝

每一組干支，都涉及另兩組干支構成雙衝關係。

干支紀年和干支紀日各有體系，互不干涉。因為一個甲子循環是六十組干支，每年是三百六十五日有餘，比六個甲子循環多了些。

以甲子（序號一）年為例，與戊午（序號五五）日雙衝，又與庚午（序號七）日雙衝。每六十日（一個甲子循環），遇上兩日干支與年干支雙衝。

不論任何年份，年內平均有十二日，是全日之內出生的人，都是八字年日雙衝。

將來二〇二二年壬寅（序號三九），遇丙申（序號三三）日及戊申（序號四五）日出生就是年日雙衝。

壬寅年（二〇二二年二月四日凌晨四時五分至二〇二三年二月四日早上十時四十分），遇戊申日或丙申日的情況如下：

公曆二〇二二年二月十二日（夏曆正月十二日），丙申日。
二月廿四日（夏曆正月二十四日），戊申日。
四月十三日（夏曆三月十三日），丙申日。
四月廿五日（夏曆三月廿五日），戊申日。
六月十二日（夏曆五月十四日），丙申日。
六月廿四日（夏曆五月廿六日），戊申日。

八月十一日（夏曆七月十四日），丙申日。
八月廿三日（夏曆七月廿六日），戊申日。
十月十日（夏曆九月十五日），丙申日。
十月廿二日（夏曆九月廿七日），戊申日。
十二月九日（夏曆十一月十六日），丙申日。
十二月廿一日（夏曆十一月廿八日），戊申日。
由是觀之，每年大概有十二天是年日雙衝。
梁督是甲午年庚子日出生，另外戊子日也是年日雙衝。

年時雙衝

年時雙衝又是另一種情況。
每六十個時辰（一個甲子循環），等於五天。於是每五天就有兩個時辰是年時雙衝。
一年三六五又四分一日，共七十三個循環有餘。約共一百四十六個時辰，是八字年時雙衝。
以癸卯年（二〇二三至二〇二四）為例，八字遇丁酉時、己酉時，皆為年時雙衝。

又因丙辛日才有丁酉時，丁壬日才有己酉時。

於是每十天周期，有四次年時雙衝。

依次為：

六丙日之丁酉時。

六丁日之己酉時。

六辛日之丁酉時。

六壬日之己酉時。

月日雙衝

每個月約有三十日，約等於半個甲子循環，於是平均每個月有一天是八字月日雙衝。

總計每年約平均十二日，是全日之內出生，都是月日雙衝。

以壬寅年為例：

二〇二二年二月十二日（夏曆正月十二日），壬寅月、丙申日。（年月皆壬寅，雙重衝日柱）

二月廿四日（夏曆正月廿四日），壬寅月、戊申日。（年月皆壬寅，雙重衝日柱）

四月十五日（夏曆三月十五日），甲辰月、戊戌日。
四月廿七日（夏曆三月廿七日），甲辰月、庚戌日。
六月十六日（夏曆五月十八日），丙午月、庚子日。
六月廿八日（夏曆五月三十日），丙午月、壬子日。
八月十七日（夏曆七月二十日），戊申月、壬寅日。（壬寅年，年月雙衝，月日雙衝）
八月廿九日（夏曆八月初三日），戊申月、甲寅日。（壬寅年，年月雙衝，月日雙衝）
十月十八日（夏曆九月廿三日），庚戌月、甲辰日。
十月三十日（夏曆十月初六日），庚戌月、丙辰日。
十二月十九日（夏曆十一月廿六日），壬子月、丙午日。
十二月卅一日（夏曆十二月初九日），壬子月、戊午日。

月時雙衝

每月約三十日，平均每五日，會遇上兩個時辰是月時雙衝。
與年時雙衝相似，每年約共一百四十六個時辰，是八字月時雙衝。

日時雙衝

每六十日（一個甲子循環），約出現二十四次日時雙衝。

每年約共一百四十六個時辰是八字日時雙衝。

以上分析，只考慮日子時與午日地支六衝，未顧及夜子時。

甲午日，日子時為甲子，夜子時為丙子。沒有雙衝。

丙午日，日子時為戊子，夜子時為庚子。丙午庚子雙衝。

戊午日，日子時為壬子，夜子時為甲子。戊午甲子雙衝。

庚午日，日子時為丙子，夜子時為戊子。庚午丙子雙衝。

壬午日，日子時為庚子，夜子時為壬子。沒有雙衝。

庚午日丙子時，已在表列中。

再加兩組日時雙衝。

丙午（四三）衝夜庚子時。

戊午（五五）衝夜甲子時。

表格一：甲子十年（一九八四年至一九九三年）年月雙衝表（十年內共三組）

年／月	甲子	乙丑	丙寅	丁卯	戊辰	己巳	庚午	辛未	壬申	癸酉
孟春	丙寅	戊寅	庚寅	壬寅	甲寅	丙寅	戊寅	庚寅	壬寅	甲寅
仲春	丁卯	己卯	辛卯	癸卯	乙卯	丁卯	己卯	辛卯	癸卯	乙卯
季春	戊辰	庚辰	壬辰	甲辰	丙辰	戊辰	庚辰	壬辰	甲辰	丙辰
孟夏	己巳	辛巳	癸巳	乙巳	丁巳	己巳	辛巳	癸巳	乙巳	丁巳
仲夏	**庚午**	壬午	甲午	丙午	戊午	庚午	壬午	甲午	丙午	戊午
季夏	辛未	癸未	乙未	丁未	己未	辛未	癸未	乙未	丁未	己未
孟秋	壬申	甲申	丙申	戊申	庚申	壬申	甲申	丙申	戊申	庚申
仲秋	癸酉	乙酉	丁酉	己酉	辛酉	癸酉	乙酉	丁酉	己酉	辛酉
季秋	甲戌	丙戌	戊戌	庚戌	**壬戌**	甲戌	丙戌	戊戌	庚戌	壬戌
孟冬	乙亥	丁亥	己亥	辛亥	癸亥	**乙亥**	丁亥	己亥	辛亥	癸亥
仲冬	丙子	戊子	庚子	壬子	甲子	丙子	戊子	庚子	壬子	甲子
季冬	丁丑	己丑	辛丑	癸丑	乙丑	丁丑	己丑	辛丑	癸丑	乙丑

表格二：甲戌十年（一九九四年至二〇〇三年）年月雙衝表（十年內共四組）

月＼年	甲戌	乙亥	丙子	丁丑	戊寅	己卯	庚辰	辛巳	壬午	癸未
孟春	丙寅	戊寅	庚寅	壬寅	甲寅	丙寅	戊寅	庚寅	壬寅	甲寅
仲春	丁卯	己卯	辛卯	癸卯	乙卯	丁卯	己卯	辛卯	癸卯	乙卯
季春	**戊辰**	庚辰	壬辰	甲辰	丙辰	戊辰	庚辰	壬辰	甲辰	丙辰
孟夏	己巳	**辛巳**	癸巳	乙巳	丁巳	己巳	辛巳	癸巳	乙巳	丁巳
仲夏	庚午	壬午	甲午	丙午	戊午	庚午	壬午	甲午	丙午	戊午
季夏	辛未	癸未	乙未	丁未	己未	辛未	癸未	乙未	丁未	己未
孟秋	壬申	甲申	丙申	戊申	庚申	壬申	甲申	丙申	戊申	庚申
仲秋	癸酉	乙酉	丁酉	己酉	辛酉	**癸酉**	乙酉	丁酉	己酉	辛酉
季秋	甲戌	丙戌	戊戌	庚戌	壬戌	甲戌	**丙戌**	戊戌	庚戌	壬戌
孟冬	乙亥	丁亥	己亥	辛亥	癸亥	乙亥	丁亥	己亥	辛亥	癸亥
仲冬	丙子	戊子	庚子	壬子	甲子	丙子	戊子	庚子	壬子	甲子
季冬	丁丑	己丑	辛丑	癸丑	乙丑	丁丑	己丑	辛丑	癸丑	乙丑

表格三：甲申十年（二〇〇四年至二〇一三年）年月雙衝表（十年內共四組）

月＼年	甲申	乙酉	丙戌	丁亥	戊子	己丑	庚寅	辛卯	壬辰	癸巳
孟春	丙寅	戊寅	庚寅	壬寅	甲寅	丙寅	戊寅	庚寅	壬寅	甲寅
仲春	丁卯	**己卯**	辛卯	癸卯	乙卯	丁卯	己卯	辛卯	癸卯	乙卯
季春	戊辰	庚辰	**壬辰**	甲辰	丙辰	戊辰	庚辰	壬辰	甲辰	丙辰
孟夏	己巳	辛巳	癸巳	乙巳	丁巳	己巳	辛巳	癸巳	乙巳	丁巳
仲夏	庚午	壬午	甲午	丙午	戊午	庚午	壬午	甲午	丙午	戊午
季夏	辛未	癸未	乙未	丁未	己未	辛未	癸未	乙未	丁未	己未
孟秋	壬申	甲申	丙申	戊申	庚申	壬申	**甲申**	丙申	戊申	庚申
仲秋	癸酉	乙酉	丁酉	己酉	辛酉	癸酉	乙酉	**丁酉**	己酉	辛酉
季秋	甲戌	丙戌	戊戌	庚戌	壬戌	甲戌	丙戌	戊戌	庚戌	壬戌
孟冬	乙亥	丁亥	己亥	辛亥	癸亥	乙亥	丁亥	己亥	辛亥	癸亥
仲冬	丙子	戊子	庚子	壬子	甲子	丙子	戊子	庚子	壬子	甲子
季冬	丁丑	己丑	辛丑	癸丑	乙丑	丁丑	己丑	辛丑	癸丑	乙丑

表格四：甲午十年（二〇一四年至二〇二三年）年月雙衝表（十年內共五組）

月＼年	甲午	乙未	丙申	丁酉	戊戌	己亥	庚子	辛丑	壬寅	癸卯
孟春	丙寅	戊寅	**庚寅**	壬寅	甲寅	丙寅	戊寅	庚寅	壬寅	甲寅
仲春	丁卯	己卯	辛卯	**癸卯**	乙卯	丁卯	己卯	辛卯	癸卯	乙卯
季春	戊辰	庚辰	壬辰	甲辰	丙辰	戊辰	庚辰	壬辰	甲辰	丙辰
孟夏	己巳	辛巳	癸巳	乙巳	丁巳	己巳	辛巳	癸巳	乙巳	丁巳
仲夏	庚午	壬午	甲午	丙午	戊午	庚午	壬午	甲午	丙午	戊午
季夏	辛未	癸未	乙未	丁未	己未	辛未	癸未	**乙未**	丁未	己未
孟秋	壬申	甲申	丙申	戊申	庚申	壬申	甲申	丙申	**戊申**	庚申
仲秋	癸酉	乙酉	丁酉	己酉	辛酉	癸酉	乙酉	丁酉	己酉	辛酉
季秋	甲戌	丙戌	戊戌	庚戌	壬戌	甲戌	丙戌	戊戌	庚戌	壬戌
孟冬	乙亥	丁亥	己亥	辛亥	癸亥	乙亥	丁亥	己亥	辛亥	癸亥
仲冬	丙子	戊子	庚子	壬子	甲子	丙子	戊子	庚子	壬子	甲子
季冬	丁丑	**己丑**	辛丑	癸丑	乙丑	丁丑	己丑	辛丑	癸丑	乙丑

表格五：甲辰十年（二〇二四年至二〇三三年）年月雙衝表（十年內共五組）

月＼年	甲辰	乙巳	丙午	丁未	戊申	己酉	庚戌	辛亥	壬子	癸丑
孟春	丙寅	戊寅	庚寅	壬寅	**甲寅**	丙寅	戊寅	庚寅	壬寅	甲寅
仲春	丁卯	己卯	辛卯	癸卯	乙卯	丁卯	己卯	辛卯	癸卯	乙卯
季春	戊辰	庚辰	壬辰	甲辰	丙辰	戊辰	庚辰	壬辰	甲辰	丙辰
孟夏	己巳	辛巳	癸巳	乙巳	丁巳	己巳	辛巳	癸巳	乙巳	丁巳
仲夏	庚午	壬午	甲午	丙午	戊午	庚午	壬午	甲午	**丙午**	戊午
季夏	辛未	癸未	乙未	丁未	己未	辛未	癸未	乙未	丁未	**己未**
孟秋	壬申	甲申	丙申	戊申	庚申	壬申	甲申	丙申	戊申	庚申
仲秋	癸酉	乙酉	丁酉	己酉	辛酉	癸酉	乙酉	丁酉	己酉	辛酉
季秋	甲戌	丙戌	戊戌	庚戌	壬戌	甲戌	丙戌	戊戌	庚戌	壬戌
孟冬	乙亥	丁亥	己亥	辛亥	癸亥	乙亥	丁亥	己亥	辛亥	癸亥
仲冬	丙子	戊子	**庚子**	壬子	甲子	丙子	戊子	庚子	壬子	甲子
季冬	丁丑	己丑	辛丑	**癸丑**	乙丑	丁丑	己丑	辛丑	癸丑	乙丑

表格六：甲寅十年（二〇三四年至二〇四三年）年月雙衝表（十年內共三組）

月＼年	甲寅	乙卯	丙辰	丁巳	戊午	己未	庚申	辛酉	壬戌	癸亥
孟春	丙寅	戊寅	庚寅	壬寅	甲寅	丙寅	戊寅	庚寅	壬寅	甲寅
仲春	丁卯	己卯	辛卯	癸卯	乙卯	丁卯	己卯	辛卯	癸卯	乙卯
季春	戊辰	庚辰	壬辰	甲辰	丙辰	戊辰	庚辰	壬辰	甲辰	丙辰
孟夏	己巳	辛巳	癸巳	乙巳	丁巳	己巳	辛巳	癸巳	乙巳	**丁巳**
仲夏	庚午	壬午	甲午	丙午	戊午	庚午	壬午	甲午	丙午	戊午
季夏	辛未	癸未	乙未	丁未	己未	辛未	癸未	乙未	丁未	己未
孟秋	壬申	甲申	丙申	戊申	庚申	壬申	甲申	丙申	戊申	庚申
仲秋	癸酉	乙酉	丁酉	己酉	辛酉	癸酉	乙酉	丁酉	己酉	辛酉
季秋	甲戌	丙戌	戊戌	庚戌	壬戌	甲戌	丙戌	戊戌	庚戌	壬戌
孟冬	乙亥	丁亥	己亥	**辛亥**	癸亥	乙亥	丁亥	己亥	辛亥	癸亥
仲冬	丙子	戊子	庚子	壬子	**甲子**	丙子	戊子	庚子	壬子	甲子
季冬	丁丑	己丑	辛丑	癸丑	乙丑	丁丑	己丑	辛丑	癸丑	乙丑

表格七：甲子旬日時雙衝表（十日內共四組）

日／時	甲子	乙丑	丙寅	丁卯	戊辰	己巳	庚午	辛未	壬申	癸酉
子	甲子	丙子	戊子	庚子	壬子	甲子	**丙子**	戊子	庚子	壬子
丑	乙丑	丁丑	己丑	辛丑	癸丑	乙丑	丁丑	己丑	辛丑	癸丑
寅	丙寅	戊寅	庚寅	壬寅	甲寅	丙寅	戊寅	庚寅	壬寅	甲寅
卯	丁卯	己卯	辛卯	癸卯	乙卯	丁卯	己卯	辛卯	癸卯	乙卯
辰	戊辰	庚辰	壬辰	甲辰	丙辰	戊辰	庚辰	壬辰	甲辰	丙辰
巳	己巳	辛巳	癸巳	乙巳	丁巳	己巳	辛巳	癸巳	乙巳	丁巳
午	**庚午**	壬午	甲午	丙午	戊午	庚午	壬午	甲午	丙午	戊午
未	辛未	癸未	乙未	丁未	己未	辛未	癸未	乙未	丁未	己未
申	壬申	甲申	丙申	戊申	庚申	壬申	甲申	丙申	戊申	庚申
酉	癸酉	乙酉	丁酉	己酉	辛酉	癸酉	乙酉	丁酉	己酉	辛酉
戌	甲戌	丙戌	戊戌	庚戌	**壬戌**	甲戌	丙戌	戊戌	庚戌	壬戌
亥	乙亥	丁亥	己亥	辛亥	癸亥	**乙亥**	丁亥	己亥	辛亥	癸亥

表格八：甲戌旬日時雙衝表（十日內共四組）

時＼日	甲戌	乙亥	丙子	丁丑	戊寅	己卯	庚辰	辛巳	壬午	癸未
子	甲子	丙子	戊子	庚子	壬子	甲子	丙子	戊子	庚子	壬子
丑	乙丑	丁丑	己丑	辛丑	癸丑	乙丑	丁丑	己丑	辛丑	癸丑
寅	丙寅	戊寅	庚寅	壬寅	甲寅	丙寅	戊寅	庚寅	壬寅	甲寅
卯	丁卯	己卯	辛卯	癸卯	乙卯	丁卯	己卯	辛卯	癸卯	乙卯
辰	**戊辰**	庚辰	壬辰	甲辰	丙辰	戊辰	庚辰	壬辰	甲辰	丙辰
巳	己巳	**辛巳**	癸巳	乙巳	丁巳	己巳	辛巳	癸巳	乙巳	丁巳
午	庚午	壬午	甲午	丙午	戊午	庚午	壬午	甲午	丙午	戊午
未	辛未	癸未	乙未	丁未	己未	辛未	癸未	乙未	丁未	己未
申	壬申	甲申	丙申	戊申	庚申	壬申	甲申	丙申	戊申	庚申
酉	癸酉	乙酉	丁酉	己酉	辛酉	**癸酉**	乙酉	丁酉	己酉	辛酉
戌	甲戌	丙戌	戊戌	庚戌	壬戌	甲戌	**丙戌**	戊戌	庚戌	壬戌
亥	乙亥	丁亥	己亥	辛亥	癸亥	乙亥	丁亥	己亥	辛亥	癸亥

表格九：甲申旬日時雙衝表（十日內共四組）

時＼日	甲申	乙酉	丙戌	丁亥	戊子	己丑	庚寅	辛卯	壬辰	癸巳
子	甲子	丙子	戊子	庚子	壬子	甲子	丙子	戊子	庚子	壬子
丑	乙丑	丁丑	己丑	辛丑	癸丑	乙丑	丁丑	己丑	辛丑	癸丑
寅	丙寅	戊寅	庚寅	壬寅	甲寅	丙寅	戊寅	庚寅	壬寅	甲寅
卯	丁卯	**乙卯**	辛卯	癸卯	乙卯	丁卯	己卯	辛卯	癸卯	乙卯
辰	戊辰	庚辰	**壬辰**	甲辰	丙辰	戊辰	庚辰	壬辰	甲辰	丙辰
巳	己巳	辛巳	癸巳	乙巳	丁巳	己巳	辛巳	癸巳	乙巳	丁巳
午	庚午	壬午	甲午	丙午	戊午	庚午	壬午	甲午	丙午	戊午
未	辛未	癸未	乙未	丁未	己未	辛未	癸未	乙未	丁未	己未
申	壬申	甲申	丙申	戊申	庚申	壬申	**甲申**	丙申	戊申	庚申
酉	癸酉	乙酉	丁酉	己酉	辛酉	癸酉	乙酉	**丁酉**	己酉	辛酉
戌	甲戌	丙戌	戊戌	庚戌	壬戌	甲戌	丙戌	戊戌	庚戌	壬戌
亥	乙亥	丁亥	己亥	辛亥	癸亥	乙亥	丁亥	己亥	辛亥	癸亥

表格十：甲午旬日時雙衝表（十日內共四組）

時＼日	甲午	乙未	丙申	丁酉	戊戌	己亥	庚子	辛丑	壬寅	癸卯
子	甲子	丙子	戊子	庚子	壬子	甲子	丙子	戊子	庚子	壬子
丑	乙丑	丁丑	己丑	辛丑	癸丑	乙丑	丁丑	己丑	辛丑	癸丑
寅	丙寅	戊寅	**庚寅**	壬寅	甲寅	丙寅	戊寅	庚寅	壬寅	甲寅
卯	丁卯	己卯	辛卯	**癸卯**	乙卯	丁卯	己卯	辛卯	癸卯	乙卯
辰	戊辰	庚辰	壬辰	甲辰	丙辰	戊辰	庚辰	壬辰	甲辰	丙辰
巳	己巳	辛巳	癸巳	乙巳	丁巳	己巳	辛巳	癸巳	乙巳	丁巳
午	庚午	壬午	甲午	丙午	戊午	庚午	壬午	甲午	丙午	戊午
未	辛未	癸未	乙未	丁未	己未	辛未	癸未	**乙未**	丁未	己未
申	壬申	甲申	丙申	戊申	庚申	壬申	甲申	丙申	**戊申**	庚申
酉	癸酉	乙酉	丁酉	己酉	辛酉	癸酉	乙酉	丁酉	己酉	辛酉
戌	甲戌	丙戌	戊戌	庚戌	壬戌	甲戌	丙戌	戊戌	庚戌	壬戌
亥	乙亥	丁亥	己亥	辛亥	癸亥	乙亥	丁亥	己亥	辛亥	癸亥

表格十一：甲辰旬日時雙衝表（十日內共四組）

時＼日	甲辰	乙巳	丙午	丁未	戊申	己酉	庚戌	辛亥	壬子	癸丑
子	甲子	丙子	戊子	庚子	壬子	甲子	丙子	戊子	庚子	壬子
丑	乙丑	丁丑	己丑	**辛丑**	癸丑	乙丑	丁丑	己丑	辛丑	癸丑
寅	丙寅	戊寅	庚寅	壬寅	**甲寅**	丙寅	戊寅	庚寅	壬寅	甲寅
卯	丁卯	己卯	辛卯	癸卯	乙卯	丁卯	己卯	辛卯	癸卯	乙卯
辰	戊辰	庚辰	壬辰	甲辰	丙辰	戊辰	庚辰	壬辰	甲辰	丙辰
巳	己巳	辛巳	癸巳	乙巳	丁巳	己巳	辛巳	癸巳	乙巳	丁巳
午	庚午	壬午	甲午	丙午	戊午	庚午	壬午	甲午	**丙午**	戊午
未	辛未	癸未	乙未	丁未	己未	辛未	癸未	乙未	丁未	**己未**
申	壬申	甲申	丙申	戊申	庚申	壬申	甲申	丙申	戊申	庚申
酉	癸酉	乙酉	丁酉	己酉	辛酉	癸酉	乙酉	丁酉	己酉	辛酉
戌	甲戌	丙戌	戊戌	庚戌	壬戌	甲戌	丙戌	戊戌	庚戌	壬戌
亥	乙亥	丁亥	己亥	辛亥	癸亥	乙亥	丁亥	己亥	辛亥	癸亥

表格十二：甲寅旬日月雙衝表（十日內共四組）

日＼時	甲寅	乙卯	丙辰	丁巳	戊午	己未	庚申	辛酉	壬戌	癸亥
子	甲子	丙子	戊子	庚子	**壬子**	甲子	丙子	戊子	庚子	壬子
丑	乙丑	丁丑	己丑	辛丑	癸丑	**乙丑**	丁丑	己丑	辛丑	癸丑
寅	丙寅	戊寅	庚寅	壬寅	甲寅	丙寅	戊寅	庚寅	壬寅	甲寅
卯	丁卯	己卯	辛卯	癸卯	乙卯	丁卯	己卯	辛卯	癸卯	乙卯
辰	戊辰	庚辰	壬辰	甲辰	丙辰	戊辰	庚辰	壬辰	甲辰	丙辰
巳	己巳	辛巳	癸巳	乙巳	丁巳	己巳	辛巳	癸巳	乙巳	**丁巳**
午	庚午	壬午	甲午	丙午	戊午	庚午	壬午	甲午	丙午	戊午
未	辛未	癸未	乙未	丁未	己未	辛未	癸未	乙未	丁未	己未
申	壬申	甲申	丙申	戊申	庚申	壬申	甲申	丙申	戊申	庚申
酉	癸酉	乙酉	丁酉	己酉	辛酉	癸酉	乙酉	丁酉	己酉	辛酉
戌	甲戌	丙戌	戊戌	庚戌	壬戌	甲戌	丙戌	戊戌	庚戌	壬戌
亥	乙亥	丁亥	己亥	**辛亥**	癸亥	乙亥	丁亥	己亥	辛亥	癸亥

	年干	月干	備註
1	甲子	庚午	月剋年
5	戊辰	壬戌	年剋月
6	己巳	乙亥	月剋年
11	甲戌	戊辰	年剋月
12	乙亥	辛巳	月剋年
16	己卯	癸酉	年剋月
17	庚辰	丙戌	月剋年
22	乙酉	己卯	年剋月
23	丙戌	壬辰	月剋年
27	庚寅	甲申	年剋月
28	辛卯	丁酉	月剋年
32	乙未	己丑	年剋月
33	丙申	庚寅	年剋月
34	丁酉	癸卯	月剋年
38	辛丑	乙未	年剋月
39	壬寅	戊申	月剋年
43	丙午	庚子	年剋月
44	丁未	癸丑	月剋年
45	戊申	甲寅	月剋年
49	壬子	丙午	年剋月
50	癸丑	己未	月剋年
54	丁巳	辛亥	年剋月
55	戊午	甲子	月剋年
60	癸亥	丁巳	年剋月

表格十三：年月雙衝（二十四組）

	日干	時干	備註
1	甲子	庚午	時剋日
5	戊辰	壬戌	日剋時
6	己巳	乙亥	時剋日
7	庚午	丙子	時剋日
11	甲戌	戊辰	日剋時
12	乙亥	辛巳	時剋日
16	己卯	癸酉	日剋時
17	庚辰	丙戌	時剋日
22	乙酉	己卯	日剋時
23	丙戌	壬辰	時剋日
27	庚寅	甲申	日剋時
28	辛卯	丁酉	時剋日
33	丙申	庚寅	日剋時
34	丁酉	癸卯	時剋日
38	辛丑	乙未	日剋時
39	壬寅	戊申	時剋日
44	丁未	癸丑	時剋日
45	戊申	壬寅	日剋時
49	壬子	丙午	日剋時
50	癸丑	己未	時剋日
54	丁巳	辛亥	日剋時
55	戊午	壬子	日剋時
56	己未	乙丑	時剋日
60	癸亥	丁巳	日剋時

表格十四：日時雙衝（二十四組）

第三節　秋金喜忌

《滴天髓》論庚金：

庚金帶煞，剛健為最。得水而清，得火而銳。土潤則生，土乾則脆。能贏甲兄，輸於乙妹。①

庚為陽金，金主肅殺，故稱為「庚金帶煞」。

庚金剛健，遇水則金水相生，水能沖刷走金屬表面的雜質，故用一個「清」字形容。壬水優於癸水。

陽金又稱「頑金」，經火鍛煉方能成為有人的器物。凡金屬利器都必須經火煉方才銳利，可以剪裁硬度較低的物件。例如砍伐木材、切割食物等等。故曰：「得火而銳。」丁火勝過丙火。

金的五行特性喜水，帶水的土為潤，不帶水的土為脆。子平以丑辰為濕土、未戌為燥土。

天干乙庚合。庚金能剋木，庚遇甲為陽剋陽，有如利器適當地修剪樹木，可令樹木生長得更茂盛。庚遇乙則為陽剋陰，乙庚合，反而削弱庚金的剛健。甲屬陽、乙屬陰，故以兄妹稱。

梁督的八字與《滴天髓》所論完全吻合。壬水在月、丁火在時、甲木在年、丑土亦在時。

① 《滴天髓闡微——附李雨田命理初學捷徑》，香港，心一堂，二〇一三，頁八〇至八一。

「得水」、「得火」、「土潤」、「贏甲兄」都齊全。還有庚金生於申月，亦主「剛健」。

此下談談《窮通寶鑑》論「秋金」：

秋月之金，當權得令。
火來煅煉，遂成鐘鼎之材；
土多培養，反惹頑濁之氣。
見水則精神越秀，逢木則琢削施威。
金助愈剛，過剛則決；
氣重愈旺，旺極則衰。①

庚辛日元，生於申酉戌月為旺。當中庚日酉月尤旺。
強金喜受火（官殺）剋，庚金尤喜丁火鍛煉。
強金喜受土（印星）生。
強金如無火煉，亦喜用水（食傷）泄秀。
強金遇木（財星），以身旺可以任財。
秋金已旺，故不喜土生金助。
梁督八字，年透甲木、月透壬水、時透丁火。差不多最有用的都具備了。

① 《窮通寶鑑評註　附　增補月談賦　四書子平》，香港，心一堂，二〇一五，頁一七一。

第四節　庚金生於申月

《窮通寶鑑》的編次，先不分陰陽而論五行日元的特性，然後再分陰陽細說。

七月庚金，剛銳極矣。

專用丁火鍛煉。次取甲木引丁。

故曰：「秋金銳銳最為奇，壬癸相逢總不宜。如逢木火來成局，試看福壽與天齊。」

如得丁甲兩透，定步青雲。①

所謂七月，實指建申之月，由立秋經處暑到白露前的一刻。庚祿在申，庚為陽金，故稱「剛銳極」。

乘前秋金要用火鍛煉。不過丙火丁火有別，丙為太陽之火，調候有力；丁為人間之火，鍛煉有功。所以庚金用火多數首選丁火，無丁方才用丙。

庚金日月見丁甲兩透，此命造一生人可以做自己喜歡做的事。

八字也不是全無缺點，合「壬癸相逢」之故。

---

① 《窮通寶鑑評註　附　增補月談賦　四書子平》，香港，心一堂，二〇一五，頁一八六。

第五節　八字格局

此造格局，如果單取一格，則庚生申月，可取「建祿格」。或以月令所藏諸干透出為格，則壬月通根於下坐申月長生，又可取「食神格」。如可取多格，丁時通根於午年，又可兼取「正官格」。

如果認同「干支四見」取格的辨法，則合「干支食傷四見」的「食傷混雜」。壬月與申月中藏壬水，是同柱天透正藏的兩食神；子日丑時都藏癸水，是兩傷官。以「正多同偏」的原則，「食多同傷」而不作「食神格」論，應當作「傷官格」。

此造青年期（約虛齡十七至三十二歲）為「建祿兼傷官格」：

《四言獨步》云：「月令建祿，多無祖屋。一見財官，自然發福。」①

梁督令尊為「山東差」，即上世紀前半時間，港英政府到中國山東省招募南來的警察。為生計而離鄉背井，到言語不通的中國南大門落地生根，當無祖業可言。

其「傷官格」由青年至晚年皆有效，「傷官」號為凶神：

① 不空居士、覺先居士合纂《算命一讀通》，香港，心一堂，二〇一三，頁一八七。

傷官格大都好傲好僭，然亦必其人本能而治，而大有才者，力克勝任……故傷官者，必有大過人之才遇，而亦復有大慘酷之奇禍也。①

所謂「奇禍」，僅指格局有大破敗缺失而言，不可一概而論。

《神峰通考》有謂：

傷官格人多傲氣者何也？蓋人用官為管我者，今敢傷其官而不服其管，非傲者乎？又或聰明者何也？蓋日主之氣，洩其精英，是其英華發於外也。若日干旺，精英喜洩，則為卿相。②

觀乎命主生平人際關係，則可知雖然干透食神，不宜作「食神格」論，必作「傷官格」方合。申月子日半會水局，又見丑時，此「傷官格」可經由青年、中年而及於晚年。時干丁火一透，虛齡四十九歲之後，又兼「正官格」。「傷官格」加兼「正官格」，為「傷官見官」：

《四言獨步》云：「傷官見官，為禍百端。」③

話雖如此，經典的命理口訣常有正反兩面，可吉可凶。此造為「金水傷官」（日元為庚金，傷官屬水），故亦不忌：

---

① 韋千里《韋氏命學講義》，香港，心一堂，二〇一五，頁一一二。

② 不空居士、覺先居士合纂《算命一讀通》，香港，心一堂，二〇一三，頁一四八。引文與《神峰通考》原文略有開闔。

③ 不空居士、覺先居士合纂《算命一讀通》，香港，心一堂，二〇一三，頁一五一。

「金水傷官喜見官」何也？若庚辛日主生於冬月，則為金寒水冷，故喜丙丁火官星以煖之也。若水氣不多，金氣不旺，則亦畏官星也。①

本造雖然不是冬月之金，但是金水二氣皆旺，故亦喜丁火正官調侯。雖然「傷官見官」，亦可憑正官透干取貴。

中年以前，傷官生財取富，中年後正官格成取貴，遂能富貴兩全。

第六節　神煞

梁督命犯「傷官見官」，上文已闡明「金水傷官」不忌。其與「大慘酷之奇禍」無緣，當為命帶貴人之吉應。

董督八字見月德與月德合，再加文昌貴人。

曾督八字無貴人，福澤較薄，可謂命中註定了。

鄭督則兩見月德合，且為日元值月德合。

梁督則於月德與月德合之外，再加天乙貴人。

① 不空居士、覺先居士合纂《算命一讀通》，香港，心一堂，二〇一三，頁一四九。

凡八字見天德、月德或德合，都可增添福祿。梁督命中多貴人，由是不甚忌「好傲好僭」了。

四位首長中，董督與梁督都命帶驛馬：

《子平約言》……云：「人命吉神為馬：大則超遷之喜，小則順動之利。凶神為馬：大則奔蹶之患，小則馳逐之勞。逢衝譬之加鞭，遇合等於絆足。」①

董督驛馬在巳時，故卸任區長之後，陞為國家領導人，公職任務仍重，經常奔波在外。

梁督驛馬在申月，早年北上講學，越奔忙越有利。二〇一三年起行戊寅運，先後以香港首長及國家領導人身份多動於外。

曾督命無驛馬，任區長期間，亦無驛馬運。

鄭督亦命無驛馬，二〇一五年起行辛亥運，亦為驛馬運，故亦越見奔波在外。

第七節　大運簡述

梁督的子平格局，虛齡十歲上運。

三運乙亥（一九八三癸亥至一九九二壬申）。亥運與原局子日丑時，合成亥子丑北方一

① 袁樹珊《新命理探原》，香港，心一堂，二〇一四，頁一三一至一三二。

氣。年干甲木偏財通根於亥中甲木長生，乙運與日元庚金合，是「財來就我」，「食傷生財」成格。以專業得富。據資料顯示，年約三十時成為英資大行的合夥人，先富後貴，由商入政。

四運丙子（一九九三癸酉至二〇〇二壬午）。丙火出干，與丁火成「官殺混雜」。不過原局「丁壬合」，凡官星不喜被合去，同時以身強故，不畏「官殺混雜」，丁火正官已被合住。原局壬水食神制丙火七殺為用，在回歸前已成為籌備特區首屆政府獻謀出策。

五運丁丑（二〇〇三癸未至二〇一二壬辰）。時柱與大運伏吟，原局丁火正官與壬水食神相合，故不忌大運重官。以兩丁不合一壬之故，正官反而得用。運內長期為特區首長之首席顧問（行政會議召集人）。運內最後一年，接任特區最高領導人之職。

六運戊寅（二〇一三癸巳至二〇二二壬寅）。六運為衝提大運。其吉處，為湊成「甲戊庚天上三奇」，丑支又疊天乙，甲木調候用神通根祿旺。其凶處，戊土梟印通根寅申兩長生，又見午火羊刃，剋傷壬水食神。五年任期，飽受攻擊毀謗，全副精力大多用在平亂，民生事務難以展佈。二〇一六年丙申，丙丁官殺爭強，宣佈不再連任。二〇二二壬寅為運內最後一年，不及十年前之壬辰遠矣。

下運己卯（二〇二三卯至二〇三二壬子），二〇二九己酉，虛齡七十有五，流年恐有少苦。凡「建祿格」，類多少病有壽，願能善加攝生，以保天年。

附錄

▲陀羅 ▲鈴星 旬空 破碎 天使 天廚 乙巳 疾厄宮 74-83 長生 指背 白虎 官符	天機(科) 祿存 △地劫 紅鸞 八座 天德 咸池 丙午 財帛宮 84-93 沐浴 咸池 天德 博士	破軍 紫微 左輔 右弼 ▲擎羊 寡宿 天才 丁未 子女宮 94-103 冠帶 月煞 吊客 力士	陰煞 三台 戊申 夫妻宮 臨官 亡神 病符 青龍
太陽 △地空 (斗) 龍德 旬空 天姚 甲辰 遷移宮 64-73 養 天煞 龍德 伏兵	命主：文曲 身主：天同 金四局	陰女 一九五七年丁酉年吉月吉日吉時生	天府 天鉞 天哭 封誥 天壽 己酉 兄弟宮 帝旺 將星 太歲 小耗
七殺 武曲 文昌 天虛 恩光 天傷 截空 癸卯 友屬宮 54-63 胎 災煞 歲破 大耗			太陰(祿) ▲火星 月解 天空 庚戌 命宮 4-13 衰 攀鞍 晦氣 將軍
天梁 天同(權) 劫煞 大耗 天官 月德 截空 天月 壬寅 事業宮 44-53 絕 劫煞 小耗 病符	天相 台輔 鳳閣 龍池 華蓋 年解 癸丑 田宅宮 34-43 胎 華蓋 官符 喜神	巨門(忌) 天刑 天喜 壬子 福德宮 身宮 24-33 死 息神 貫索 蜚廉	貪狼 廉貞 文曲 天魁 天馬 孤辰 天貴 天福 天巫 蜚廉 辛亥 父母宮 14-23 病 歲驛 喪門 奏書

斗數盤一：疑似鄭督命盤

<table>
<tr>
<td>▲陀羅△地劫
天馬△地空
貪狼
廉貞
恩光 天巫 天虛
天刑 天廚
伏兵 劫煞 天德
絕
乙巳 父母宮</td>
<td>祿存
巨門 忌
旬空 龍德
息神 龍德 博士
墓
丙午 福德宮</td>
<td>▲擎羊
天相
旬空 華蓋 天哭
官府 華蓋 白虎
死
丁未 田宅宮</td>
<td>天同 權
天梁
天德 封誥 劫煞
伏兵 劫煞 天德
88-95
病
戊申 事業宮</td>
</tr>
<tr>
<td>文昌
▲鈴星
太陰 祿
大耗 紅鸞
月解 月德
青龍 攀鞍 小耗
6-15
胎
甲辰 命宮 身宮</td>
<td colspan="2" rowspan="2">陰男 蔣中正
一八八七年丁亥九月十五日午時
命主：巨門
身主：天機
火六局</td>
<td>天鉞
武曲
七殺
天使 天姚 破碎
大耗 災煞 弔客
76-85
衰
己酉 友屬宮</td>
</tr>
<tr>
<td>▲火星
天府
天才 龍池
截空 天壽
小耗 將星 官符
16-25
養
癸卯 兄弟宮</td>
<td>文曲
太陽
斗
陰煞 寡宿 天喜
病符 天煞 病符
66-75
帝旺
庚戌 遷移宮</td>
</tr>
<tr>
<td>右弼
三台 天官 孤辰
截空 天月
亡神 貫索 將軍
26-35
長生
壬寅 夫妻宮</td>
<td>破軍
紫微
一歲
蜚廉
月煞 喪門 奏書
36-45
沐浴
癸丑 子女宮</td>
<td>左輔
天機 科
天空 咸池
八座 台輔
咸池 晦氣 飛廉
46-55
冠帶
壬子 財帛宮 臨官</td>
<td>天魁
天福 年解 鳳閣
天傷 天貴
喜神 指背 太歲
56-65
臨官
辛亥 疾厄宮</td>
</tr>
</table>

斗數盤二：蔣中正命盤

▲陀羅 ▲鈴星 運昌 年鉞 田宅宮 巳 長生	祿存 △地劫 天機 科 事業宮 午 沐浴	左輔 右弼 ▲擎羊 破軍 權 紫微 權 運鉞 友屬宮 未 冠帶	運馬 遷移宮 申 臨官
△地空 太陽 忌 64-73 甲辰運 福德宮 養	命主：文曲 身主：天同 金四局	陰女 一九五七年丁酉年吉月吉日吉時生	天鉞 運曲 天府 科 疾厄宮 酉 帝旺
文昌 年魁 ▲運羊 七殺 武曲 科 忌 父母宮 卯 胎			▲火星 ▲年陀 太陰 祿 財帛宮 戌 衰
運祿 年馬 年昌 天梁 祿 天同 權 56 壬寅 命宮 絕	運魁 ▲運陀 天相 兄弟宮 丑 胎	年曲 ▲年羊 巨門 忌 夫妻宮 身宮 子 死	文曲 天魁 天馬 年祿 貪狼 祿 廉貞 子女宮 亥 病

斗數盤三：鄭督二〇二二年壬寅流盤

<table>
<tr>
<td>▲文昌 ▲陀羅
天同（權）
天哭 天姚 龍池
天巫 天廚
指背 官符 力士
83-92 病
乙巳 事業宮</td>
<td>祿存 右弼 △地空
天府 武曲
陰煞 大耗 咸池
天使 月煞
咸池 小耗 博士
73-82 衰
丙午 友屬宮</td>
<td>▲擎羊
太陰（祿） 太陽
天月 天虛 封誥
月煞 歲破 官符
63-72 帝旺
丁未 遷移宮</td>
<td>左輔 ▲火星
貪狼
旬空 天喜 恩光
天傷 龍德
亡神 龍德 伏兵
53-62 臨官
戊申 疾厄宮</td>
</tr>
<tr>
<td>△地劫
破軍
天煞 貫索 青龍
93-102 死
甲辰 田宅宮</td>
<td colspan="2" rowspan="2">陰男
一九三七年丁丑吉月吉日吉時生
命主：巨門
身主：天相
木三局</td>
<td>文曲 天鉞
巨門（忌） 天機（科）
蜚廉 鳳閣
年解 旬空
將星 白虎 大耗
43-52 冠帶
己酉 財帛宮</td>
</tr>
<tr>
<td>▲鈴星
截空
災煞 喪門 小耗
沐浴
癸卯 福德宮</td>
<td>天相 紫微
天德 寡宿
攀鞍 天德 病符
33-42 沐浴
庚戌 子女宮</td>
</tr>
<tr>
<td>廉貞
八座 天官 天才
劫煞 孤辰 紅鸞
截空 天空
劫煞 晦氣 將軍
長生
壬寅 父母宮</td>
<td>（斗）
華蓋 破碎 天刑
華蓋 太歲 奏書
3-12 胎
癸丑 命宮</td>
<td>七殺
三台 天壽
月解 天貴
息神 病符 蜚廉
13-22 養
壬子 兄弟宮</td>
<td>天魁 天馬
天梁
台輔 天福
歲驛 吊客 喜神
23-32 長生
辛亥 夫妻宮 身宮</td>
</tr>
</table>

斗數盤四：疑似董督命盤

天同 ㊭權 文昌 ▲陀羅 運祿 子女宮 巳 病	天府 武曲 祿存 ▲運羊 右弼 △地空 運曲 夫妻宮 午 衰	太陰 ㊭祿 ㊭科 太陽 ▲擎羊 運鉞 兄弟宮 丁未 帝旺	貪狼 ㊭祿 左輔 ▲火星 運昌 命宮 戊申 53-62 臨官
破軍 △地劫 ▲運陀 財帛宮 辰 死	陰男 一九三七年丁丑吉月吉日吉時生 命主：巨門 身主：天相 木三局		巨門 ㊭忌 ㊭權 天機 ㊭科 ㊭忌 文曲 天鉞 父母宮 酉 冠帶
▲鈴星 疾厄宮 卯 沐浴			天相 紫微 福德宮 戌 沐浴
廉貞 運馬 遷移宮 寅 長生	運魁 友屬宮 丑 胎	七殺 事業宮 子 養	天梁 天魁 天馬 田宅宮 亥 長生

斗數盤五：疑似董督戊申大運流盤

<table>
<tr>
<td>太陽(忌)
天廚　天德　劫煞
劫煞　天德　小耗
3-12　病
命宮　己巳</td>
<td>文昌　▲火星
破軍(權)
旬空　封誥
災煞　吊客　將軍
13-22　死
父母宮　庚午</td>
<td>天鉞　△地空
天機
八座　三台　天官
寡宿　紅鸞
旬空　天月
天煞　病符　奏書
23-32　墓
福德宮　辛未</td>
<td>文曲
天府　紫微
截空　天姚
指背　太歲　蜚廉
33-42　絕
田宅宮　壬申</td>
</tr>
<tr>
<td>武曲(科)
華蓋　蜚廉　天刑
華蓋　白虎　青龍
衰
兄弟宮　戊辰</td>
<td colspan="2" rowspan="2">陽男
一九四四年甲申吉月吉日吉時

命主：廉貞
身主：天梁

木三局</td>
<td>(斗)
太陰
咸池　天壽　天福
截空　天空　破碎
咸池　晦氣　喜神
43-52　胎
事業宮　癸酉</td>
</tr>
<tr>
<td>右弼　▲擎手　△地劫
天同
龍德　大耗　天貴
息神　龍德　力士
帝旺
夫妻宮　丁卯</td>
<td>貪狼
天傷　天哭　台輔
月煞　喪門　病符
53-62　養
友屬宮　甲戌</td>
</tr>
<tr>
<td>祿存　天馬　▲鈴星
七殺
天虛　鳳閣
月解　年解
歲驛　歲破　博士
93-102　臨官
子女宮　丙寅</td>
<td>天魁　▲陀羅
天梁
恩光　天才
月德　天喜
攀鞍　小耗　官符
83-92　冠帶
財帛宮　丁丑</td>
<td>天相　廉貞(祿)
天使　陰煞　龍池
將星　官符　伏兵
73-82　沐浴
疾厄宮　丙子</td>
<td>左輔
巨門
天巫　孤辰
亡神　貫索　大耗
63-72　長生
遷移宮　乙亥</td>
</tr>
</table>

斗數盤六：疑似曾督命盤

太陽 忌 運馬 遷移宮 巳 病	破軍 權 文昌 ▲火星 運昌 疾厄宮 午 死	天機 祿 天鉞 △地空 財帛宮 未 墓	天府 紫微 科 文曲 運曲 運鉞 子女宮 申 絕
武曲 科 ▲運羊 友屬宮 辰 衰	陽男 一九四四年甲申吉月吉日吉時		太陰 忌 夫妻宮 酉 胎
天同 右弼 ▲擎手 △地劫 運祿 事業宮 卯 帝旺	命主：廉貞 身主：天梁 木三局		貪狼 兄弟宮 戌 養
七殺 祿存 天馬 ▲鈴星 ▲運陀 田宅宮 寅 臨官	天梁 權 天魁 ▲陀羅 福德宮 丑 冠帶	天相 廉貞 祿 運魁 父母宮 子 沐浴	巨門 左輔 乙亥 命宮 63-72 長生

斗數盤七：疑似曾督乙亥大運流盤

<table>
<tr>
<td>天相
文曲
破碎 天貴 天廚 旬空
己巳 夫妻宮
絕
亡神 病符 小耗</td>
<td>天梁
庚午 兄弟宮
胎
將星 太歲 將軍</td>
<td>七殺 廉貞(祿)
天鉞
台輔 天官 天空 天姚
(斗)
辛未 命宮
5-14
養
攀鞍 晦氣 奏書</td>
<td>天馬
截空 孤辰
壬申 父母宮
15-24
長生
指背 太歲 蜚廉</td>
</tr>
<tr>
<td>巨門
右弼 ▲鈴星
寡宿 鳳閣 年解 旬空
戊辰 子女宮
95-104
衰
月煞 吊客 青龍</td>
<td colspan="2" rowspan="2">陽男
一九五四年甲午吉月吉日吉時

命主：破軍
身主：火星

土五局</td>
<td>文昌
恩光 天福 截空 紅鸞
癸酉 福德宮 身宮
25-34
沐浴
息神 貫索 喜神</td>
</tr>
<tr>
<td>貪狼 紫微
▲擎羊
封誥 八座 天壽 咸池 天喜 天德 天刑
丁卯 財帛宮
85-94
死
咸池 天德 力士</td>
<td>天同
左輔 △地空
華蓋 龍池
甲戌 田宅宮
35-44
冠帶
華蓋 官符 病符</td>
</tr>
<tr>
<td>太陰 天機
祿存 ▲火星
月神 陰煞 蜚廉 天使 天巫
丙寅 疾厄宮
75-84
病
指背 白虎 博士</td>
<td>天府
天魁 ▲陀羅
龍德 大耗 天才
丁丑 遷移宮
65-74
衰
天煞 龍德 官符</td>
<td>太陽(忌)
△地劫
天傷 天哭 天虛
丙子 友屬宮
55-64
帝旺
災煞 歲破 伏兵</td>
<td>破軍(權) 武曲(科)
劫煞 三台 月德 天月
乙亥 事業宮
45-54
臨官
劫煞 小耗 大耗</td>
</tr>
</table>

斗數盤八：疑似梁督命盤

<table>
<tr>
<td>文曲 運鉞
天相
巳 子女宮
絕</td>
<td>天梁 ㊗祿
午 夫妻宮
胎</td>
<td>天鉞
七殺 廉貞 ㊗祿
未 兄弟宮
養</td>
<td>天馬
壬申 命宮
15-24
長生</td>
</tr>
<tr>
<td>右弼 ▲鈴星
巨門
辰 財帛宮
衰</td>
<td colspan="2" rowspan="2">陽男
一九五四年甲午吉月吉日吉時
命主：破軍
身主：火星
土五局</td>
<td>文昌
酉 父母宮
沐浴</td>
</tr>
<tr>
<td>▲擎羊 運魁
貪狼 紫微 (權)
卯 疾厄宮
死</td>
<td>左輔 △地空 ▲運陀
天同
戌 福德宮
冠帶</td>
</tr>
<tr>
<td>祿存 運馬 ▲火星 運昌
太陰 天機
丙寅 遷移宮
病</td>
<td>天魁 ▲陀羅
天府 (科)
丑 友屬宮
衰</td>
<td>△地劫 運曲 ▲運羊
太陽 (忌)
子 事業宮
帝旺</td>
<td>運祿
破軍 (權) 武曲 (科)(忌)
亥 田宅宮
臨官</td>
</tr>
</table>

斗數盤九：梁督壬申大運流盤

年	月	日	時
	月德合	月德合	
食神	比肩	㊐坤	偏印
丁	乙	乙	癸
酉	巳	酉	未
辛七殺	丙傷官 戊正財 庚正官	辛七殺	己偏財 丁食神 乙比肩
將星		將星	寡宿

9	19	29	39	49	59	69	79
丙午	丁未	戊申	己酉	庚戌	辛亥	壬子	癸丑
丁食神 己偏財	己偏財 丁食神 乙比肩	庚正官 壬正印 戊正財	辛七殺	戊正財 辛七殺 丁食神	壬正印 甲劫財	癸偏印	己偏財 癸偏印 辛七殺

子平命例一：疑似鄭督八字

時	日	月	年
月德合		月德	
七殺	乾	傷官	食神
辛	乙	丙	丁
巳	未	午	丑
丙傷官 戊正財 庚正官	己偏財 丁食神 乙比肩	丁食神 己偏財	己偏財 癸偏印 辛七殺
驛馬		桃花 文昌	

81	71	61	51	41	31	21	11
戊戌	己亥	庚子	辛丑	壬寅	癸卯	甲辰	乙巳
己偏財 癸偏印 辛七殺	癸偏印	壬正印 甲劫財	戊正財 辛七殺 丁食神	辛七殺	庚正官 壬正印 戊正財	己偏財 丁食神 乙比肩	丁食神 己偏財

子平命例二：疑似董督八字

時	日	月	年
偏財	㊀乾	正印	比肩
戊	甲	癸	甲
辰	辰	酉	申
癸乙戊	癸乙戊	辛	戊壬庚
正劫偏	正劫偏	正	偏偏七
印財財	印財財	官	財印殺
華蓋	華蓋	桃花	

72	62	52	42	32	22	12	2
辛	庚	己	戊	丁	丙	乙	甲
巳	辰	卯	寅	丑	子	亥	戌
庚戊丙	癸乙戊	乙	戊丙甲	辛癸己	癸	甲壬	丁辛戊
七偏偏	正劫偏	劫	偏食比	正正正	正	比正	傷正偏
殺印財	印財財	財	財神肩	官印財	印	肩印	官官財

子平命例三：疑似曾督八字

時	日	月	年
月德合		月德	
正官	乾	食神	偏財
丁	庚	壬	甲
丑	子	申	午
己正印 癸傷官 辛劫財	癸傷官	庚比肩 壬食神 戊偏印	丁正官 己正印
天乙		祿神 驛馬 孤辰	

80	70	60	50	40	30	20	10
庚辰	己卯	戊寅	丁丑	丙子	乙亥	甲戌	癸酉
戊偏印 乙正財 癸傷官	乙正財	甲偏財 丙七殺 戊偏印	己正印 癸傷官 辛劫財	癸傷官	壬食神 甲偏財	戊偏印 辛劫財 丁正官	辛劫財

子平命例四：疑似梁督八字

占筮類			
1	擲地金聲搜精秘訣	心一堂編	沈氏研易樓藏稀見易占秘鈔本
2	卜易拆字秘傳百日通	心一堂編	
3	易占陽宅六十四卦秘斷	心一堂編	火珠林占陽宅風水秘鈔本
星命類			
4	斗數宣微	【民國】王裁珊	民初最重要斗數著述之一；未刪改本
5	斗數觀測錄	【民國】王裁珊	失傳民初斗數重要著作
6	《地星會源》《斗數綱要》合刊	心一堂編	失傳的第三種飛星斗數
7	《斗數秘鈔》《紫微斗數之捷徑》合刊	心一堂編	珍稀「紫微斗數」舊鈔秘本
8	斗數演例	心一堂編	
9	紫微斗數全書（清初刻原本）	題【宋】陳希夷	斗數全書本來面目；有別於錯誤極多的坊本
10-12	鐵板神數（清刻足本）——附秘鈔密碼表	題【宋】邵雍	無錯漏原版秘鈔密碼表 首次公開！
13-15	蠢子數纏度	題【宋】邵雍	蠢子數連密碼表打破數百年秘傳 首次公開！
16-19	皇極數	題【宋】邵雍	清鈔孤本附起例及完整密碼表 研究神數必讀！
20-21	邵夫子先天神數	題【宋】邵雍	附手鈔密碼表 研究神數必讀！
22	八刻分經定數（密碼表）	題【宋】邵雍	皇極數另一版本；附手鈔密碼表
23	新命理探原	【民國】袁樹珊	子平命理必讀教科書！
24-25	袁氏命譜	【民國】袁樹珊	
26	韋氏命學講義	【民國】韋千里	民初二大命理家南袁北韋
27	千里命稿	【民國】韋千里	
28	精選命理約言	【民國】韋千里	北韋之命理經典
29	滴天髓闡微——附李雨田命理初學捷徑	【民國】袁樹珊、李雨田	命理經典未刪改足本
30	段氏白話命學綱要	【民國】段方	民初命理經典最淺白易懂
31	命理用神精華	【民國】王心田	學命理者之寶鏡

32	命學探驪集	【民國】張巢雲	
33	澹園命談	【民國】高澹園	發前人所未發 稀見民初子平命理著作
34	算命一讀通——鴻福齊天	【民國】不空居士、覺先居士合纂	
35	子平玄理	【民國】施惕君	
36	星命風水秘傳百日通	心一堂編	
37	命理大四字金前定	題【晉】鬼谷子王詡	源自元代算命術
38	命理斷語義理源深	心一堂編	稀見清代批命斷語及活套
39-40	文武星案	【明】陸位	失傳四百年《張果星宗》姊妹篇 千多星盤命例　研究命學必備
相術類			
41	新相人學講義	【民國】楊叔和	失傳民初白話文相術書
42	手相學淺說	【民國】黃龍	民初中西結合手相學經典
43	大清相法	心一堂編	
44	相法易知	心一堂編	重現失傳經典相書
45	相法秘傳百日通	心一堂編	
堪輿類			
46	靈城精義箋	【清】沈竹礽	
47	地理辨正抉要	【清】沈竹礽	
48	《玄空古義四種通釋》《地理疑義答問》合刊	沈瓞民	沈氏玄空遺珍 玄空風水必讀
49	《沈氏玄空吹虀室雜存》《玄空捷訣》合刊	【民國】申聽禪	
50	漢鏡齋堪輿小識	【民國】查國珍、沈瓞民	
51	堪輿一覽	【清】孫竹田	失傳已久的無常派玄空經典
52	章仲山挨星秘訣（修定版）	【清】章仲山	章仲山無常派玄空珍秘 門內秘本首次公開
53	臨穴指南	【清】章仲山	沈竹礽等大師尋覓一生 末得之珍本！
54	章仲山宅案附無常派玄空秘要	心一堂編	
55	地理辨正補	【清】朱小鶴	玄空六派蘇州派代表作
56	陽宅覺元氏新書	【清】元祝垚	簡易・有效・神驗之玄空陽宅法
57	地學鐵骨秘　附　吳師青藏命理大易數	【民國】吳師青	釋玄空廣東派地學之秘
58-61	四秘全書十二種（清刻原本）	【清】尹一勺	玄空湘楚派經典本來面目 有別於錯誤極多的坊本

62	地理辨正補註　附 元空秘旨　天元五歌　玄空精髓　心法秘訣等數種合刊	【民國】胡仲言	貫通易理、巒頭、三元、三合、天星、中醫
63	地理辨正自解	【清】李思白	公開玄空家「分率尺、工部尺、量天尺」之秘
64	許氏地理辨正釋義	【民國】許錦灝	民國易學名家黃元炳力薦
65	地理辨正天玉經內傳要訣圖解	【清】程懷榮	秘訣一語道破，圖文并茂
66	謝氏地理書	【民國】謝復	玄空體用兼備、深入淺出
67	論山水元運易理斷驗、三元氣運說附紫白訣等五種合刊	【宋】吳景鸞等	失傳古本《玄空秘旨》《紫白訣》
68	星卦奧義圖訣	【清】施安仁	三元玄空門內秘笈　清鈔孤本 過去均為必須守秘不能公開秘密 與今天流行飛星法不同
69	三元地學秘傳	【清】何文源	
70	三元玄空挨星四十八局圖說	心一堂編	
71	三元挨星秘訣仙傳	心一堂編	
72	三元地理正傳	心一堂編	
73	三元天心正運	心一堂編	
74	元空紫白陽宅秘旨	心一堂編	
75	玄空挨星秘圖　附 堪輿指迷	心一堂編	
76	姚氏地理辨正圖說　附 地理九星并挨星真訣全圖　秘傳河圖精義等數種合刊	【清】姚文田等	蓮池心法　玄空六法 門內秘鈔本首次公開
77	元空法鑑批點本——附 法鑑口授訣要、秘傳玄空三鑑奧義匯鈔　合刊	【清】曾懷玉等	
78	元空法鑑心法	【清】曾懷玉等	
79	曾懷玉增批蔣徒傳天玉經補註【新修訂版原（彩）色本】	【清】項木林、曾懷玉	
80	地理學新義	【民國】俞仁宇撰	揭開連城派風水之秘
81	地理辨正揭隱（足本）　附連城派秘鈔口訣	【民國】王邈達	
82	趙連城傳地理秘訣附雪庵和尚字字金	【明】趙連城	
83	趙連城秘傳楊公地理真訣	【明】趙連城	
84	地理法門全書	仗溪子、芝罘子	巒頭風水，內容簡核、深入淺出
85	地理方外別傳	【清】熙齋上人	巒頭形勢、「望氣」「鑑神」
86	地理輯要	【清】余鵬	集地理經典之精要
87	地理秘珍	【清】錫九氏	巒頭、三合天星，圖文並茂
88	《羅經舉要》附《附三合天機秘訣》	【清】賈長吉	清鈔孤本羅經、三合訣法圖解
89－90	嚴陵張九儀增釋地理琢玉斧巒	【清】張九儀	清初三合風水名家張九儀經典清刻原本！

91	地學形勢摘要	心一堂編	形家秘鈔珍本
92	《平洋地理入門》《巒頭圖解》合刊	【清】盧崇台	平洋水法、形家秘本
93	《鑒水極玄經》《秘授水法》合刊	【唐】司馬頭陀、【清】鮑湘襟	千古之秘，不可妄傳匪人
94	平洋地理闡秘	心一堂編	雲間三元平洋形法秘鈔珍本
95	地經圖說	【清】余九皋	形勢理氣、精繪圖文
96	司馬頭陀地鉗	【唐】司馬頭陀	流傳極稀《地鉗》
97	欽天監地理醒世切要辨論	【清】欽天監	公開清代皇室御用風水真本
三式類			
98－99	大六壬尋源二種	【清】張純照	六壬入門、占課指南
100	六壬教科六壬鑰	【民國】蔣問天	由淺入深，首尾悉備
101	壬課總訣	心一堂編	過去術家不外傳的珍稀六壬術秘鈔本
102	六壬秘斷	心一堂編	
103	大六壬類闡	心一堂編	
104	六壬秘笈——韋千里占卜講義	【民國】韋千里	六壬入門必備
105	壬學述古	【民國】曹仁麟	依法占之，「無不神驗」
106	奇門揭要	心一堂編	集「法奇門」、「術奇門」精要
107	奇門行軍要略	【清】劉文瀾	條理清晰、簡明易用
108	奇門大宗直旨	劉毗	天下孤本　首次公開
109	奇門三奇干支神應	馮繼明	虛白盧藏本《秘藏遁甲天機》
110	奇門仙機	題【漢】張子房	奇門不傳之秘　應驗如神
111	奇門心法秘纂	題【漢】韓信（淮陰侯）	
112	奇門廬中闡秘	題【三國】諸葛武侯註	
選擇類			
113－114	儀度六壬選日要訣	【清】張九儀	清初三合風水名家張九儀擇日秘傳
115	天元選擇辨正	【清】一園主人	釋蔣大鴻天元選擇法
其他類			
116	述卜筮星相學	【民國】袁樹珊	民初二大命理家南袁北韋
117－120	中國歷代卜人傳	【民國】袁樹珊	南袁之術數經典

心一堂術數古籍珍本叢刊　第一輯書目

占筮類			
121	卜易指南(二種)	【清】張孝宜	民國經典，補《增刪卜易》之不足
122	未來先知秘術——文王神課	【民國】張了凡	內容淺白、言簡意賅、條理分明
星命類			
123	人的運氣	汪季高(雙桐館主)	五六十年香港報章專欄結集！
124	命理尋源		
125	訂正滴天髓徵義		
126	滴天髓補註 附 子平一得	【民國】徐樂吾	民國三大子平命理家徐樂吾必讀經典！
127	窮通寶鑑評註 附 增補月談賦 四書子平		
128	古今名人命鑑		
129-130	紫微斗數捷覽(明刊孤本)[原(彩)色本] 附 點校本 (上)(下)	馮一、心一堂術數古籍整理編校小組整理	明刊孤本 首次公開！
131	命學金聲	【民國】黃雲樵	民國名人八字、六壬奇門推命
132	命數叢譚	【民國】張雲溪	子平斗數共通、百多民國名人命例
133	定命錄	【民國】張一蟠	民國名人八十三命例詳細生平
134	《子平命術要訣》《知命篇》合刊	【民國】鄒文耀、【民國】胡仲言撰	《子平命術要訣》科學命理；《知命篇》易理皇極、命理地理、奇門六壬互通
135	科學方式命理學	閻德潤博士	匯通八字、中醫、科學原理！
136	八字提要	韋千里	民國三大子平命理家韋千里必讀經典！
137	子平實驗錄	【民國】孟耐園	作者四十多年經驗 占卜奇靈 名震全國！
138	民國偉人星命錄	【民國】囂囂子	幾乎包括所民初總統及國務總理八字！
139	千里命鈔	韋千里	失傳民初三大命理家-韋千里 代表作
140	斗數命理新篇	張開卷	現代流行的「紫微斗數」內容及形式上深受本書影響
141	哲理電氣命數學——子平部	【民國】彭仕勛	命局按三等九級格局、不同術數互通借用
142	《人鑑——命理存驗·命理擷要》(原版足本)附《林庚白家傳》	【民國】林庚白	傳統子平學修正及革新、大量名人名例
143	《命學苑苑刊——新命》(第一集)附《名造評案》《名造類編》等	【民國】林庚白、張一蟠等撰	史上首個以「唯物史觀」來革新子平命學結集
相術類			
144	中西相人探原	【民國】袁樹珊	按人生百歲，所行部位，分類詳載
145	新相術	【美國】字拉克福原著、【民國】沈有乾編譯	通過觀察人的面相身形、色澤舉止等，得知性情、能力、習慣、優缺點等
146	骨相學	【民國】風萍生編著	結合醫學中生理及心理學，影響近代西、日、中相術深遠
147	人心觀破術 附運命與天稟	【日本】管原如庵、加藤孤雁原著，【民國】唐真如譯	觀破人心、運命與天稟的奧妙

心一堂術數古籍珍本叢刊　第一輯書目

148	《人相學之新研究》《看相偶述》合刊	盧毅安	集中外大成，無不奇驗；影響近代香港相術名著
149	冰鑑集	【民國】碧湖鷗客	各家相法精華、相術捷徑、圖文並茂附名人照片
150	《現代人相百面觀》《相人新法》合刊	【民國】吳道子輯	失傳民初相學經典二種 重現人間！
151	性相論	【民國】余晉龢	民初北平公安局專論相學與犯罪專著（犯罪學生物學派）
152	《相法講義》《相理秘旨》合刊	韋千里、孟瘦梅	命理學大家韋千里經典、傳統相術秘籍精華
153	《掌形哲學》附《世界名人掌形》《小傳》	【民國】余萍客	圖文并茂、附歐美名人掌形圖及生平簡介
154	觀察術	【民國】吳貴長	可補充傳統相術之不足
堪輿類			
155	羅經消納正宗	【明】沈昇撰、【明】史自成、丁孟章合纂	失傳四庫存目珍稀風水古籍
156	風水正原	【清】余天藻	●積德為求地之本，形家必讀！ ●純宗形家，與清代欽天監地理風水主張大致相同
157	安溪地話（風水正原二集）		
158	《蔣子挨星圖》附《玉鑰匙》	傳【清】蔣大鴻等	窺知無常派章仲山一脈真傳奧秘
159	樓宇寶鑑	吳師青	陽宅風水必讀、現代城市樓宇風水看法改革
160	《香港山脈形勢論》《如何應用日景羅經》合刊		香港風水山脈形勢專著
161	三元真諦稿本——讀地理辨正指南	【民國】王元極	被譽為蔣大鴻、章仲山後第一人內容直接了當，盡揭三元玄空家之秘
162	三元陽宅萃篇		
163	王元極增批地理冰海 附批點原本地理冰海	【清】高守中【民國】王元極	
164	地理辨正發微	【清】唐南雅	極之清楚明白，披肝露膽
165-167	增廣沈氏玄空學 附 仲山宅斷秘繪稿本三種、自得齋地理叢說稿鈔本(上)(中)(下)	【清】沈竹礽	玄空必讀經典！附《仲山宅斷》幾種鈔本及批點本，畫龍點晴、披肝露膽，道中刊印本未點破的秘訣
168-169	巒頭指迷(上)(下)	【清】尹貞夫原著、【民國】何廷珊增訂、批注	圖文并茂：龍、砂、穴、水、星辰九十九變 洩漏天機：蔣大鴻、賴布衣挨星秘訣及用法
170-171	三元地理真傳(兩種)(上)(下)	【清】趙文鳴	蔣大鴻嫡派真傳張仲馨一脈二十種家傳秘本、宅墓案例三十八圖，並附天星擇日
172	三元宅墓圖 附 家傳秘冊		
173	宅運撮要	【民國】尤惜陰（演本法師）、榮柏雲	撮三集《宅運新案》之精要
174	章仲山秘傳玄空斷驗筆記 附 章仲山斷宅圖註	【清】章仲山傳、【清】唐鷺亭纂	無常派玄空不外傳秘中秘！二宅實例有斷驗及改造內容
175	汪氏地理辨正發微 附 地理辨正真本	【清】蔣大鴻、姜垚原著、【清】汪云吾發微	蔣大鴻嫡派張仲馨一脈三元理、法、訣具體泄露 三百年來最佳《地理辨正》註解！石破天驚！
176	蔣大鴻家傳歸厚錄汪氏圖解	【清】蔣大鴻、【清】汪云吾圖解	
177	蔣大鴻嫡傳三元地理秘書十一種批注	【清】蔣大鴻原著、【清】汪云吾、【清】劉樂山註	

178	《星氣(卦)通義(蔣大鴻秘本四十八局圖并打劫法)》《天驚秘訣》合刊	題【清】蔣大鴻 著	江西輿國真傳三元風水秘本
179	蔣大鴻嫡傳天心相宅秘訣全圖附陽宅指南等秘書五種	【清】蔣大鴻編訂、【清】汪云吾、劉樂山註	蔣大鴻徒張仲馨秘傳陽宅風水「教科書」！
180	家傳三元地理秘書十三種		真天宮之秘 千金不易之寶
181	章仲山門內秘傳《堪輿奇書》附《天心正運》	【清】章仲山傳、【清】華湛恩	直洩無常派章仲山玄空風水不傳之秘
182	《挨星金口訣》、《王元極增批補圖七十二葬法訂本》合刊	[民國]王元極	秘中秘——玄空挨星真訣公開！字字千金！
183-184	《家傳三元古今名墓圖集附謝氏水鉗》《蔣氏三元名墓圖集》合刊(上)(下)	(清)孫景堂，劉樂山，張稼夫	蔣大鴻嫡傳風水宅案、幕講師、蔣大鴻、姜垚等名家多個實例，破禁公開！
185-186	《山洋指迷》足本兩種 附《尋龍歌》(上)(下)	【明】周景一	風水巒頭形家必讀《山洋指迷》足本！
187-196	蔣大鴻嫡傳水龍經注解 附 虛白廬藏珍本水龍經四種(1-10)	【清】蔣大鴻編訂、【清】楊臥雲、汪云吾、劉樂山註	蔣大鴻嫡傳一脈授徒秘笈 希世之寶 千年以來，師師相授之秘旨，破禁公開！完整了解蔣氏嫡派真傳一脈三元理、法、訣！附已知最古《水龍經》鈔本等五種稀見《水龍經》
197	批注地理辨正直解	【清】章仲山	無常派玄空必讀經典未刪改本！
198	《天元五歌闡義》附《元空秘旨》(清刻原本)		
199	心眼指要(清刻原本)		
200	華氏天心正運	【清】華湛恩	
201-202	批注地理辨正再辨直解合編(上)(下)	【清】蔣大鴻原著、【清】姚銘三再註、【清】章仲山直解	失傳姚銘三玄空經典重現人間！名家：沈竹礽、王元極推薦！
203	章仲山注《玄機賦》《元空秘旨》附《口訣中秘訣》《因象求義》等九種合刊	【清】章仲山	近三百年來首次公開！ 章仲山無常派玄空秘密，和盤托出！章仲山注《玄機賦》及章仲山原傳之口訣及筆記
204	章仲山門內真傳《三元九運挨星篇》《運用篇》《挨星定局篇》《口訣篇》等合刊	【清】章仲山、柯遠峰等	
205	章仲山門內真傳《大玄空秘圖訣》《天驚訣》《飛星要訣》《九星斷略》《得益錄》等合刊	【清】章仲山、冬園子等	
206	撼龍經真義	吳師青註	近代香港名家吳師青必讀經典
207	章仲山嫡傳《翻卦挨星圖》《秘鈔元空秘旨》附《秘鈔天元五歌闡義》	【清】章仲山傳、【清】王介如輯撰	透露章仲山家傳玄空嫡傳學習次弟及關鍵不傳之秘
208	章仲山嫡傳秘鈔《秘圖》《節錄心眼指要》合刊		
209	《談氏三元地理大玄空實驗》附《談養吾秘稿奇門占驗》	【民國】談養吾撰	史上首次公開「無常派」下卦起星等挨星秘密之書
210	《談氏三元地理濟世淺言》附《打開一條生路》		了解談氏入世的易學卦德爻象思想
211-215	《地理辨正集註》附《六法金鎖秘》《巒頭指迷真詮》《作法雜綴》等(1-5)	【清】尋緣居士	集《地理辨正》一百零八家註解大成精華 匯巒頭及蔣氏、六法、無常、湘楚等秘本 集史上最大篇幅的《地理辨正》註解
216	三元大玄空地理二宅實驗(足本修正版)	【民國】尤惜陰(演本法師)、榮柏雲撰	三元玄空無常派必讀經典足本修正版

217	蔣徒呂相烈傳《幕講度針》附《元空秘斷》《陰陽法竅》《挨星作用》	【清】呂相烈	蔣大鴻門人呂相烈三元秘本三百年來首次破禁公開！
218	挨星撮要(蔣徒呂相烈傳)		
219-221	《沈氏玄空挨星圖》《沈註章仲山宅斷未定稿》《沈氏玄空學(四卷原本)》合刊(上中下)	【清】沈竹礽 等	揭開沈氏玄空挨星五行吉凶斷的變化及不同用法 章仲山宅斷未刪本、沈氏玄空學原本佚文、玄空挨星圖稿鈔本 大公開！
222	地理穿透真傳(虛白廬藏清初刻原本)	【清】張九儀	三合天星家宗師張九儀畢生地學精華結集
223-224	地理元合會通二種(上)(下)	【清】姚炳奎	分發兩家(三元、三合)之秘，會通其用 詳解注羅盤(蔣盤、賴盤)；義理、斷驗俱精
其他類			
225	天運占星學 附 商業周期、股市粹言	吳師青	天星預測股市，神準經典
226	易元會運	馬翰如	《皇極經世》配卦以推演世運與國運
三式類			
227	大六壬指南(清初木刻五卷足本)		六壬學占驗課案必讀經典海內善本
228-229	甲遁真授秘集(批注本)(上)(下)	【清】薛鳳祚	明清皇家欽天監秘傳奇門遁甲 奇門、易經、皇極經世結合經典
230	奇門詮正	【民國】曹仁麟	簡易、明白、實用，無師自通！
231	大六壬探源	【民國】袁樹珊	民初三大命理家袁樹研究六壬四十餘年代表作
232	遁甲釋要	【民國】徐昂	推衍遁甲、易學、洛書九宮大義！
233	《六壬卦課》《河洛數釋》《演玄》合刊		疏理六壬、河洛數、太玄隱義！
234	六壬指南(【民國】黃企喬)	【民國】黃企喬	失傳經典 大量實例
選擇類			
235	王元極校補天元選擇辨正	原【清】謝少暉輯、【民國】王元極校補	三元地理天星選日必讀
236	王元極選擇辨真全書 附 秘鈔風水選擇訣	【民國】王元極	王元極天昌館選擇之要旨
237	蔣大鴻嫡傳天星選擇秘書注解三種	【清】蔣大鴻編訂、【清】楊臥雲、汪云吾、劉樂山註	蔣大鴻陰陽二宅天星擇日日課案例！
238	增補選吉探源	【民國】袁樹珊	按表檢查，按圖索驥：簡易、實用！
239	《八風考略》《九宮撰略》《九宮考辨》合刊	沈瓞民	會通沈氏玄空飛星立極、配卦深義
其他類			
240	《中國原子哲學》附《易世》《易命》	馬翰如	國運、世運的推演及預言

心一堂術數古籍整理叢刊

全本校註增刪卜易	【清】野鶴老人	李凡丁（鼎升）校註
紫微斗數捷覽（明刊孤本）附點校本	傳【宋】陳希夷	馮一、心一堂術數古籍整理小組點校
紫微斗數全書古訣辨正	傳【宋】陳希夷	潘國森辨正
應天歌（修訂版）附格物至言	【宋】郭程撰 傳	莊圓整理
壬竅	【清】無無野人小蘇郎逸	劉浩君校訂
奇門祕覈（臺藏本）	【元】佚名	李鏘濤、鄭同校訂
臨穴指南選註	【清】章仲山 原著	梁國誠選註
皇極經世真詮—國運與世運	【宋】邵雍 原著	李光浦

心一堂當代術數文庫

增刪卜易之六爻古今分析	愚人
命理學教材（第一級）	段子昱
命理學教材　之　五行論命口訣	段子昱
斗數詳批蔣介石	潘國森
潘國森斗數教程（一）：入門篇	潘國森
紫微斗數登堂心得：三星秘訣篇——潘國森斗數教程（二）	潘國森
紫微斗數不再玄	犂民
玄空風水心得（增訂版）（附流年催旺化煞秘訣）	李泗達
玄空風水心得（二）——沈氏玄空學研究心得（修訂版）附流年飛星佈局	李泗達
廖氏家傳玄命風水學（一）——基礎篇及玄關地命篇	廖民生
廖氏家傳玄命風水學（二）——玄空斗秘篇	廖民生
廖氏家傳玄命風水學（三）——楊公鎮山訣篇　附　斷驗及調風水	廖民生
廖氏家傳玄命風水學（四）——秘訣篇：些子訣、兩元挨星、擇吉等	廖民生
《象數易——六爻透視：入門及推斷》修訂版	愚人
《象數易——六爻透視　財股兩望》	愚人
《象數易——六爻透視：病在何方》	愚人
《象數易——六爻透視：自身揭秘》	愚人
命卜隨筆	林子傑
香港特首命格臆解——斗數子平合參再探	潘國森
玄空風水心得（三）——玄空基礎探微	李泗達

心一堂易學經典文庫　已出版及即將出版書目

宋本焦氏易林（上）（下）	【漢】焦贛
周易易解（原版）（上）（下）	【清】沈竹礽
《周易示兒錄》附《周易說餘》	【清】沈竹礽
三易新論（上）（中）（下）	沈瓞民
《周易孟氏學》《周易孟氏學遺補》《孟氏易傳授考》	沈瓞民
京氏易八卷（清《木犀軒叢書》刊本）	【漢】京房
京氏易傳古本五種	【漢】京房
京氏易傳箋註	【民國】徐昂
推易始末	【清】毛奇齡
刪訂來氏象數圖說	【清】張恩霨
周易卦變解八宮說	【清】吳灌先
易觸	【清】賀子翼
易義淺述	何遯翁